日本に生まれ、
米国で育ち

銀座に生きて

小松ストアー社長
小坂 敬

財界研究所

日本に生まれ、米国で育ち

銀座に生きて

装幀　細山田光宣＋相馬敬徳

プロローグ

相手の立場に立つこと――。小坂家に伝わる哲学である。

銀座に育ち、子どもの頃、戦争を体験し、戦後、日本が復興しかけた頃、中学生の時に渡米。ハイスクールを経て、ニューヨーク州のコルゲート大学、そしてミシガン州立大学の大学院と青春時代の10年間をアメリカで過ごした。

その間、米国は移民社会であることを痛感させられ、キリスト教、ユダヤ教、イスラム教など、世界の宗教と民族が同じ土地に暮らす社会で、それぞれが自分の価値観を大事にするという多様性の社会を知った。

21世紀に入って十数年が経ち、国や民族とは何か、宗教とは何か、という根源的な問いかけが行なわれている中で、米国もまた孤立主義、内向きの考え方が台頭。中東ではテロや内戦が頻発し、世界中が混迷、混乱の状態にある。

そういう中で、自分たちのアイデンティティ（主体性）を保ちながら共存・共生の道をどう探していくか。わたしたちは共存しなければならないという原点を、わたしは50年前の米国での留学生時代に学んだ。

いかなる状況をも克服し、より良い世界をつくっていこうという志や思いがあれば、何とか解決策を見出すことができるということも、歴史が示してきている。多様性の社会の中で、まず相手を知り、互いに認め合うことが何よりも大事なのだと感じている。

この本のタイトルを『銀座に生きて』としたのは、銀座こそ、多様性のある街であり、またいろいろな文化が集い、それをまた内外に情報発信していく街だと思うからである。

その銀座には、メディアを含め、様々な活動に携わる人たちが、共に共通の課題として銀座がどうあるべきかを考えている。その考えをまとめるために、通り会、町会、その他団体が一同に集まり、「全銀座会」で銀座についてのそれぞれの意見を出し合っている。

銀座らしさ。この言葉をひと言で定義するのは非常に難しい。しかし、銀座という言葉の中に、何かときめくものをどんな方にも感じてもらえるだろうし、世界に誇れる街という思いが関係者にはある。

歴史と文化を背負いながら常に新しい文化、習俗といったものを採り入れる街、それが銀座だと思う。

時代が大きく変化する中で、変わるものと変わらないものの二つが同居する街が銀座。その銀座でどんなことを思い、どう街づくりに参加し、人々と手を携えてきたかを今回『財界』誌の勧めで執筆することにした。これまでわたしたちが歩いてきた道のりを振り返りながら、現在をどう生きるか、そして将来を生きる若い世代の人たちの参考になるものがあるとすれば、筆者の望外の幸せである。

日本に生まれ、
米国で育ち
銀座に生きて

Contents

第3章……フィリップスで学んだこと

第4章……小松ストアーに入社して

第5章……銀座とわたし

第6章……日本文化に魅せられて

第7章……これからの小松ストアー

第1章……銀座で商いを始めて

曽祖父が始めた銀座での商い

明治維新を前に江戸に上った曽祖父・駒吉

小坂家に伝わる哲学は「相手の立場に立つこと」。この哲学は、時代が変わっても、変わることなく現在まで脈々と受け継がれ、事業に活かされています。小坂家が銀座で商いを始めたのは、1868年（明治初年）頃。曽祖父の小坂駒吉が銀座六丁目の飲食店を譲り受けたことに遡ります。駒吉は、明治維新を前に信州伊那から江戸に上ると、上野広小路で雑貨商を営み、寛永寺の御用商人になりました。

ところが、彰義隊の乱で上野から焼け出されてしまい、同郷の知人を頼って、尾張町二丁目（現・銀座六丁目）に難を逃れ、知人の飲食店を譲り受けたことが始まりです。1872年（明治5年）に銀座大火が起きると、防災の意味も兼ねて、銀座煉瓦街が造られ、新たな家屋で商売を拡大しました。

煉瓦街の建設中は一膳めし屋を営業し、銀座通りに面した一等煉瓦家屋が完成すると、払い下げを受けて、料理屋『松本』を開業します。その後、煉瓦家屋で『ゑび寿食堂』、『福恵比寿』屋号で大衆食堂を営業する一方、裏手の土地も入手し、『松本』を『松本楼』へと発展させました。

1923年（大正12年）の関東大震災で煉瓦街が壊滅すると、大衆食堂は『小松食堂』と名を変えて、営業を続けました。

けれども、第2次世界大戦の激化で『松本楼』は休業。その後、東京大空襲で『小松食堂』も『松本楼』も焼失してしまいました。しかし、それを機に、現在の小松ストアーが誕生します。

日比谷公園に松本楼を開業、事業を拡大した祖父・梅吉

曽祖父・駒吉の次男が、祖父・梅吉です。祖父は事業を拡大させ、日比谷公園にも松本楼を出しました。

祖父が東京市議会議員だったとき、日比谷公園を洋風の公園に改装するという話があり、西洋の公園には必ず飲食店があるということで、コンペに応募して採用されました。

祖父と最後に会ったのは、小学校1年生の頃だったと記憶していますが、事業意欲が旺盛で、自分の思いを貫き通しながらも、柔軟な考えも併せもっていたようです。

わたしの父・武雄は、祖父・梅吉の長男として生まれました。

祖父は終戦の前年、１９４４年（昭和19年）に亡くなったため、戦災で焼け野原となった土地を、父をはじめ、子どもたちが譲り受けました。

祖父は非常に厳しい人でもあったので、父が外国人の女性と結婚することには、当初、強く反対していました。そのため、本来長男が継ぐはずの銀座の敷地も叔父に相続させました。

けれども、父と母が結婚して何年か経ち、祖父が「ピラミッドを見たい」とエジプトに外遊へ行った際、母を通訳としてお供させたそうです。このエピソードは、二人の結婚を認め、母を家族として迎え入れていた証だと思います。

祖父は最終的には貴族院議員になるのですが、銀座でも料理人組合の組合長を務めるなど、みんなのまとめ役でもあったようです。

築地の料亭『新喜楽』に料理組合の会合で撮った昔の写真が飾ってあるのですが、祖父は真ん中に座って写っています。

戦後、飲食業から小売業への転換を図った父・武雄

父・武雄は、男二人、女四人の兄弟でした。泰明小学校を卒業した生粋の銀座っ子で、ロンドン・スクール・オブ・エコノミクス大学で学んだ、ハイカラな人でした。新しいことをやるのも好きで、若い頃は東京に二、三台しかないハーレーダビッドソンのオートバイを買って、乗っていたそうです。

父が、なぜイギリスに留学したのか、直接、父に訊ねたことはないのですが、イギリスを選んだ理由はわかる気がします。それは、イギリスの伝統ある文化に触れたかったのではないかと思うのです。父はサービス業に関心があったので、イギリスの老舗ホテルにも強く惹かれていたのではないかと想像できます。

戦後は、アメリカのホテルを視察して、ホテルの支配人からホテル経営を学ぶなど、ホテル業の勉強をしていました。

例えば、西海岸ではアンバサダーホテルやフェアモントホテルなどを視察して、その時の経験から、後に千鳥ケ渕の『フェヤーモントホテル』を開業するのです。

その父が、戦後間もない1946年（昭和21年）2月に創業したのが小松商事（現・小

松ストアー）です。そして、同年4月、『小松ストアー』を開業しました。

小坂なのに、なぜ「小松」という社名になったのかというと、父から聞いた話では「小坂」の〝小〟と「松本楼」の〝松〟から取ったとのことでした。

では、「松本楼」の「松本」とは何か、ということになりますが、おそらく信州出身の曽祖父が上野で商売を始め、大火によって銀座に逃げてきた際、お世話になった人が長野県の「松本」出身だったのではないか、と考えられます。

戦前は飲食店を営んできた小坂家ですが、戦災で店舗は焼失してしまいました。祖父は、長男である父には代々築いてきた家業を継いでほしいと思っていたのですが、父は親の反対を押し切ってイギリスに留学してしまうなど、祖父からすると「ちょっと外れた」息子だったため、店の権利は叔父が持っていました。

しかし、戦後、家族が集まって今後を話し合い、「小売業を始めよう」と言ったのは父でした。

戦後で物資が不足する中、同じ場所で『松本楼』のような料理屋を始めても、お客さんは来ないのではないか。それよりも、皆さんが欲しているモノを供給できる店をつくりたい、というのが父の思いでした。

昭和20年代初期の小松ストアーで山口淑子氏（写真右から3人目）他映画関係者と。
写真右から4人目が父・小坂武雄

ただし暖簾がありましたから、暖簾を傷つけないよう、ヤミ商品は扱わないという原則で商品を販売。モノ不足の時代ですから、ヤミ商品以外で、仕入れられたモノは何でも売ろうと〝小百貨店〟をイメージして開店しました。

開業当初は食品が中心でしたが、家庭用品や衣類、家具、おもちゃなど、徐々に品揃えを拡充し、ディスプレイにもこだわりました。

というのも、父は、小松ストアーをただ単に商品を売る場所ではなく、「夢と文化生活の提案」をする場所だと考えていたからです。

終戦翌年にクリスマス・セールを開催

父は時代の変化に敏感で、変化への対応力も高い人でした。実家が料理屋だったこともあり、人に対する気遣いも、子どもの頃から自然と身に付けていたようです。だからこそ、戦後、思い切って小売業に転業し、新たな小売りの提案をしてきたのだと思います。

創業初年（1946年）の暮れには、全館あげての〝クリスマス・セール〟を展開。日本では、まだクリスマスの概念が希薄だった時代のことです。また、今でいうポイントカードの〝小判チケット〟を世間に先駆けて導入しました。

「繁栄は『カインドネス（親切）』、『クイックネス（迅速）』、『クリーンネス（清潔）』、『ソートフルネス（思いやり、相手の身になって考えること）』の4つの〝ネス〟にある」というのが父の考えで、この信条を具現化していきました。

父は、それを「小百貨店ならではの『小味《こあじ》なサービス』」と呼んでいました。

1956年（昭和31年）、新たに百貨店法が制定されると〝小百貨店〟から「新しいご婦人・お子様の店」をキャッチフレーズに、中規模小売り専門店として建物も一新し、再スタートを切りました。

そんな父の人物像を表すエピソードに、関東大震災での出来事があります。当時、父は高校生でしたが、地震が起きた直後、すぐに新橋の舟着き場まで行って、舟を二艘借りたそうです。そして、銀座の家に戻ってくると、一艘には家族を乗せ、もう一艘には大八車で運んだ物資を乗せて、お台場まで避難したそうです。おかげで、震災後の大火に巻き込まれず、親戚は皆、無事だったと聞いています。

お台場に向かう舟にも火の粉が飛んできたと言っていましたから、本当に命からがら逃げたのだと思います。新橋に、それほど多くの舟があったわけではないと思うので、火事が起きると予想して、素早く対応した父の対応力と行動力には感嘆します。

その意味では、わたしは父ほど気の利く人間ではありません。ただ、父譲りといえば、好奇心旺盛なところがあります。自分の知らないこと、何か今までと違ったものを面白いと感じます。

例えば、食事をする時、同じ店に通う人もいますが、わたしは行ったことのない店に行くタイプです。がっかりすることもありますが、それでも良いと思っています。次は行かなければ良いわけで、それよりも、未知の経験をしたいと思っています。

戦中・戦後、生まれ育った家

父を陰ながら支えていた母・ヴァイオレット

父はロンドン留学中に母・ヴァイオレットと出会い、結婚を決めました。そして、母・ヴァイオレットは飼っていた犬二匹を連れて日本にやってきました。ただ、祖父は二人の結婚に猛反対で、銀座の店舗と住居を叔父に相続させていました。ですので、わたしが生まれたのは麹町三番町の家でした。そこで、父、母、昭和8年生まれの姉・淳（現・金盛淳）と四人で暮らしていました。

小学生になると、都電に乗って、慶應の幼稚舎まで通っていました。三番町から三宅坂まで行き、三宅坂を右に曲がって青山一丁目に行くと、そこで品川行きの電車に乗り換えて、天現寺に行っていました。ドアが付いていない小ぶりの電車で、途中、青山墓地の中を通りましたが、まだ道路も整備されておらず、草原のような道でした。東京も、まだ牧歌的だった時代です。

ただ、イギリスからやってきた母にとって、文化も風習も食生活もまったく異なる日本での生活は大変だったと思います。苦労したことも多いと思いますが、そういうことは一切、口にしない母でした。

そんな母は、父にとっても、なくてはならない存在でした。

決断力があり、開拓心のある父でしたが、新しい事業を始める時には、自信のない部分もあったようです。そういう時は、よく母に「どう思うかな」とアイディアを話していました。母は、ビジネスのことは知らないのですが「こういう考えもあるのではないのかしら」などと言って、柔らかい表現で、何か父のヒントになるような感想を述べていました。母は何かをごまかしたり話に飾りを付けるようなこともなく、ありのままの自然体を大事にしていました。ですから、父にとって、良き相談相手だったのだと思います。

日本に来たときの母の国籍は英国でしたが、その後「わたしは日本人だから」と帰化しました。美術商などのお店に行って、日本の美術品、特に〝根付〟を好んで集めていました。本来、根付は着物を着る人が身に着ける小物ですが、母は「動物の形をしていてかわいい」などと言って、置物として、観賞用に楽しんでいました。

1943年頃（昭和18年頃）、麹町三番町の自宅で、父、母、姉と

最初は戸惑いもあったと思いますが、晩年は日本人として、日本の生活を楽しんでいたのだと思います。

戦後の住居とホテルオークラ東京

戦時中、幼稚舎の同級生は皆、学童疎開しましたが、わたしが向かったのは軽井沢でした。当時、外国人は軽井沢に移り住んでいて、母も軽井沢の別荘にいたからです。そして、母と一緒に軽井沢で一冬過ごしました。避暑地としての別荘だったので、とにかく寒かったことを覚えています。

父は満洲にいたので、母と姉、わたしでは力仕事ができなかったため、別荘の留守番役として軽井沢に住んでいた大工一家の息子たちが時折りやって来て、庭の木を切り倒して、薪ストーブの薪にしてくれていました。

父が満洲から帰国して間もなく、戦争が終わり、また家族四人で生活できるようになりました。ただ、麹町三番町の住まいは戦争で焼失してしまったため、戦後は、戦火を免れた駿河台の洋館を父が購入して、一家でそこへ移り住みました。

戦前の建物でしたが、非常に近代的でモダンな建物でした。

駿河台は高台なので、庭から神保町などの都内が一望できたのですが、戦後は辺り一面焼け野原で、見えるのは道路の跡だけでした。かろうじて見えたのが靖国神社で、九段下にある軍人会館（現・九段会館）も見えました。その先には富士山も見えました。

戦後、焼け野原になった都内ですが、瞬く間に家が建っていきました。家といっても、雨風をしのぐためのバラック小屋ですが、工事現場のように次々と家ができていく様子を見て、子どもながらに、すごいなぁと感心したものです。

小学生だったので、近所を自転車でまわるなどして遊んでいたのですが、記憶に残る思い出として、戦後、神保町にできた洋菓子店のシュークリームが格別の味だったことをよく覚えています。

駿河台の家には、わたしがアメリカへ留学するまで住んでいました。

父と一家は、その後、麻布市兵衛町（現・港区六本木一丁目近辺）に移ります。現在、ホテルオークラ東京のある辺りです。

その時、父は市兵衛町の家だけでなく、白金（港区）にも家を購入し、叔父にどちらの家に住むか、選択をゆだねたそうです。そして、その結果、叔父が白金に住み、わたしたち一家が市兵衛町の家に住むことになりました。

市兵衛町の家は古い日本家屋だったので、観光スポットとして、はとバスの観光ルートに入っていたようで、よく家の前にバスが停まっていました。家の周辺には、明治の元勲の松方正義さんや朝日新聞社の社主の村山長挙さんらのご自宅がありました。

父は生涯、市兵衛町に住んでいたのですが、再開発に伴い、住居をホテルオークラ東京に移しました。父はホテルオークラ（１９６２年開業）の立ち上げに参画し、日本のホテルの国際化を推進された野田岩次郎さんと親しく、岩次郎さんが別館を造るため、ホテル周辺の土地を買い集めていたときに、市兵衛町の家を売ることを決めました。

今、ホテルオークラ東京の別館のロビーのあたりが、わが家のあった場所です。

そして、家をオークラに売る際、ホテルが好きだった父は、代金の一部をオークラの株式にしてもらい、個人株主になりました。なおかつ、大好きなホテルで生活したいと、別館に父専用のアパートを造ってもらい、亡くなるまでずっとそこに住んでいました。

一代限りという契約で、父と母が亡くなった後、権利を返上したので、今はアパートではなく、婚礼用のチャペルになっています。古い日本家屋だった市兵衛町の家は、一部を建て替えて増築し、アメリカから帰国後、わたしもこの家に住んでいました。

そのため、オークラに土地を売るとき、父にその土地をどうしたいか聞かれました。愛着のある場所だったので、市兵衛町に住み続けたいと思い、隅っこの300坪の土地を残してもらいました。

父と明治時代の日本人

日本がまだ焼け野原からの復興を続けていた1952年（昭和27年）、わたしはアメリカのサンフランシスコに渡米しました。日本とはまったくの別世界に、本当に驚きました。

2014年（平成26年）、サンフランシスコに行ったのですが、当時、客船が停まった波止場が今も残っていました。時計台も変わらずに残っていて、懐かしい記憶がよみがえりました。渡米したのは、肺結核にかかったことがきっかけでした。姉がアメリカの大学に留学することになり、わたしも大病にかかり、身体も弱かったので、環境の良いところで子どもを育てたい、という両親の思いから、アメリカの学校に通うことになったのです。

父はイギリスへの留学経験があり、その時の出会いで英国人の母と結婚したこともあり、両親ともに国際感覚が強かったことも、戦後まもない時期の、わたしの米国留学につながったのだと思います。

最近、改めて思うのですが、父の友人や明治生まれの方々は、みなさん英語が達者で、国際感覚に優れた方が多かったと感心します。

父の大親友だった第百生命保険（現・マニュライフ生命保険）社長を務めた川崎大次郎氏（写真中央）と小松ストアーのゴルフ大会で。一番右が小坂敬

例えば、父は第百生命（現・マニュライフ生命保険）の川崎大次郎さんと大変親しくしていましたが、川崎さんも米国での滞在経験が豊富で、英語もペラペラでした。

しかも、米国へ行って、結構遊んでおられたようで（笑）、現地に溶け込んでいたからこそ、世界に通用する国際感覚を自然と身に付けておられたのだと思います。川崎さんは英語が公用語の六本木の東京倶楽部でも、英語でコミュニケーションを取られていました。

東京倶楽部の行事の案内などはすべて英語で

きますし、新入会員の自己紹介の挨拶も、すべて英語で行うことになっています。一方で、外国人の会員の方は、日本語で挨拶するのが習わしです。

この伝統には、東京倶楽部設立時の意義が影響しています。

東京倶楽部は1884年（明治17年）に設立されました。当時の日本は不平等条約の改正に向けて近代化を図っていたので、時の外務大臣・井上馨が国際親善を促進するための〝ジェントルマンズ・クラブ〟として、東京倶楽部の設立を提案したのです。ですから、会員には吉田茂首相や白洲次郎さんから駐日米国大使など、政府の要人が名を連ねていました。

鹿鳴館時代に設立され、海外の方々と交流するための〝社交場〟という考えがあったので、当初は現在の六本木一丁目ではなく、鹿鳴館に併設されていました。

東京倶楽部は、こうした歴史や伝統を今も引き継いでいるわけです。

その意味でも、明治世代の方たちは非常に柔軟な発想を持ち、海外へ出て行きながら、文化の違いや新旧の違いなどを懐深く受け止めていたように思います。

それが大正時代になって、急に硬くなり、大戦に突入してしまったことが非常に残念に思えます。岡倉天心にしても、教養豊かで、宣教師から学んだ英語をモノにして、お茶について書いた『THE BOOK OF TEA』という本を全部英語で書いています。その後、日本語に訳されましたが、最初から日本語ではなく、英語で書いていました。これは、視線が日本だけでなく、常に世界に向いていた証です。

わたしも英語の原文を読みましたが、達者な英語に驚かされました。新渡戸稲造の『武士道』も英語で書かれていますが、夫人がアメリカ人ということもあり、二人の共同作業によって完璧な英語で書かれています。岡倉天心も新渡戸稲造も、夫人や交流していた友人などの力を借りたにせよ、自分の思いを正確に伝えるために、どんな言葉を使うのか、細心の注意を払っていたと思います。ちなみに『武士道』については、その完璧な英語と武士道にある普遍的でユニバーサルな感覚に感激して、時の第26代アメリカ合衆国大統領のセオドア・ルーズベルトが自身の三人の息子たちに『武士道』を読ませたと聞いています。

わたしも、若い頃から海外で生活できたことは本当に

交友関係の広かった父・武雄（写真一番左）。南部家第44代当主・南部利英氏（写真左から3人目）、竹田宮恒徳ご夫妻（写真左から4人目と5人目）と

良かったと、両親に感謝しています。

人生は、両親によって与えられたものが大きく影響してくると思いますが、わたしがアメリカにいた時、父からは「ああしろ、こうしろ」と言われたことは一切ありませんでした。十二年間アメリカにいましたが、日本に帰国したのはたったの二回。ですから、大学進学も仕事も、全部自分で決めました。

親と離れて暮らしてきたので、自然と、自分で考えて生きていかなければならない、という気持ちが芽生えてゆきました。

また、交友関係の広い父のおかげで、明治生まれの知識人の方々と交流を持てたことにも感謝しています。

父の無二の親友だった川崎大次郎さんにはかわいがっていただきましたし、日本を代表する知識人である白洲次郎さんとも、晩年、ゴルフを通じて交流させていただく機会に恵まれました。

1968年（昭和43年）、わたしが軽井沢ゴルフ倶楽部に入ってからのお付き合いになりますが、白洲さんは、非常にユニークで面白く、とても優しい方でした。

倶楽部の理事長をされていたので、本当に毎日ゴルフ場に来ておられました。作業着を着て、麦藁帽をかぶり、ゴム長履きを履いてコースを回っては、何か問題や不具合はないか、チェックされていました。

ある日、グリーンでプレーされているご婦人方の行動が気に入らなかったらしく、その場で強く注意されたことがありました。ご婦人方は、それが白洲さんだとは知らないので、クラブハウスに帰ってこられて「作業員の方に怒られた」と不満そうにこぼしていたこともありました(笑)。

白洲さんは本当にゴルフを愛しておられたので、晩年、プレーが難しくなってからはコースの中を歩かれていました。そして、それも難しくなると、クラブハウスの椅子に腰をかけて、ゴルフ場に来られる方々に挨拶をさされていました。最後までジェントルマンだった白洲さんは、明治生まれの日本人を代表する、本当に素敵な方でした。

1974年(昭和49年)から1976年(昭和51年)まで内閣総理大臣を務めた三木武夫一家との合同誕生日会での1枚。後列左から2人目が三木武夫氏、3人目が父・武雄、4人目が母・ヴァイオレット。前列一番左が小坂敬

病気を機に米国へ、病から学んだこと

肺結核にかかりながら、命を落とさずに済んだことは本当に感謝しています。

米国に入国した直後も、すぐに海軍病院のようなところへ連れて行かれて、レントゲンを撮りました。

入国にあたって、日本で撮ったレントゲン写真を持参していたのですが、それだけでは信用できないということで、撮り直したわけです。

最終的に完治したのですが、今でもレントゲンを撮ると、肺に大きな影が写っています。そのため、肺結核を患ったことを知らない医者からは「ガンじゃないか」と言われてしまうのですが、肺結核の跡なのです。

病気が判明したのは、小学校六年生のときでした。ある日、幼稚舎から帰ってくると、家にたどり着くのがやっとという状態で、家に着くなり寝込んでしまいました。レントゲンを撮ると、肺炎、気管支炎と、あらゆるところが炎症を起こしていて、右の肺は真っ白の状態でした。

医者も、両親に「これは見込みがないかもしれない」と言っていたほどでした。

かつて結核という病気は不治の病で、命を落とす危険のある病だったからです。けれども、両親が最善を尽くし、看護師さんが家で付きっきりで看病してくれたおかげもあり、完治することができました。

振り返ると、薬の存在も大きかったと言えます。叔母の旦那さんが医者で、結核の薬・ストレプトマイシンを投与してもらえたからです。

戦後、小松ストアーを作る際、叔母の旦那が医者だったので、彼の診療所も作ろうと、小松診療所を同時に作っていたのです。その診療所があったおかげで、薬が手に入ったのです。その診療所は、わたしのいとこが院長を引き継ぎ、今も懸命に治療にあたっています。

ただ、肺結核は治ったものの、病気の影響で、12〜13歳の頃から不整脈による心房細動の発作がたびたび起きました。これはもう持病ということで対処するしかないとのことでしたが、最初に発作が起きたときは「死ぬ」と思いました。

心臓が機能していない状況ですから、そう感じるのも当然です。ただ、何回か、それを経験するうちに「また来たか」というような感じになっていきました。人間、慣れてくると、それほど驚かなくなるものなのです（笑）。

もともと楽天家ということもありますが、病気を経験したことで、その後の人生や仕事でも、非常に際どいところに来たところで、かえって落ち着いてくるところがあります。

例えば、山登りが好きで、よく山にも登っていたのですが、高所恐怖症にもかかわらず、崖っぷちの吊り橋を渡らなければならない時になると、開き直って、かえって落ち着き、冷静に渡っていくという感じです。

また、八ヶ岳の赤岳は赤土で土がもろくて崩れやすいのですが、台風直後のときも、心置きなく楽しんできました。おかげで台風一過で最高に美しい富士山を見ることができました。

その後も狭心症の治療で、今も心臓にバイパスを二本入れていますが、それもあまり気にしていません。ただ、山登りをして、山の上でヘリコプターを呼ぶようなことになっては、みんなの迷惑になるので（笑）、今はもう山登りはしていません。

小さい頃から、色々な病気を患ってきましたが、病気をしたことで、何事も諦めず、前向きに生きることの大切さを勉強させてもらったような気がします。

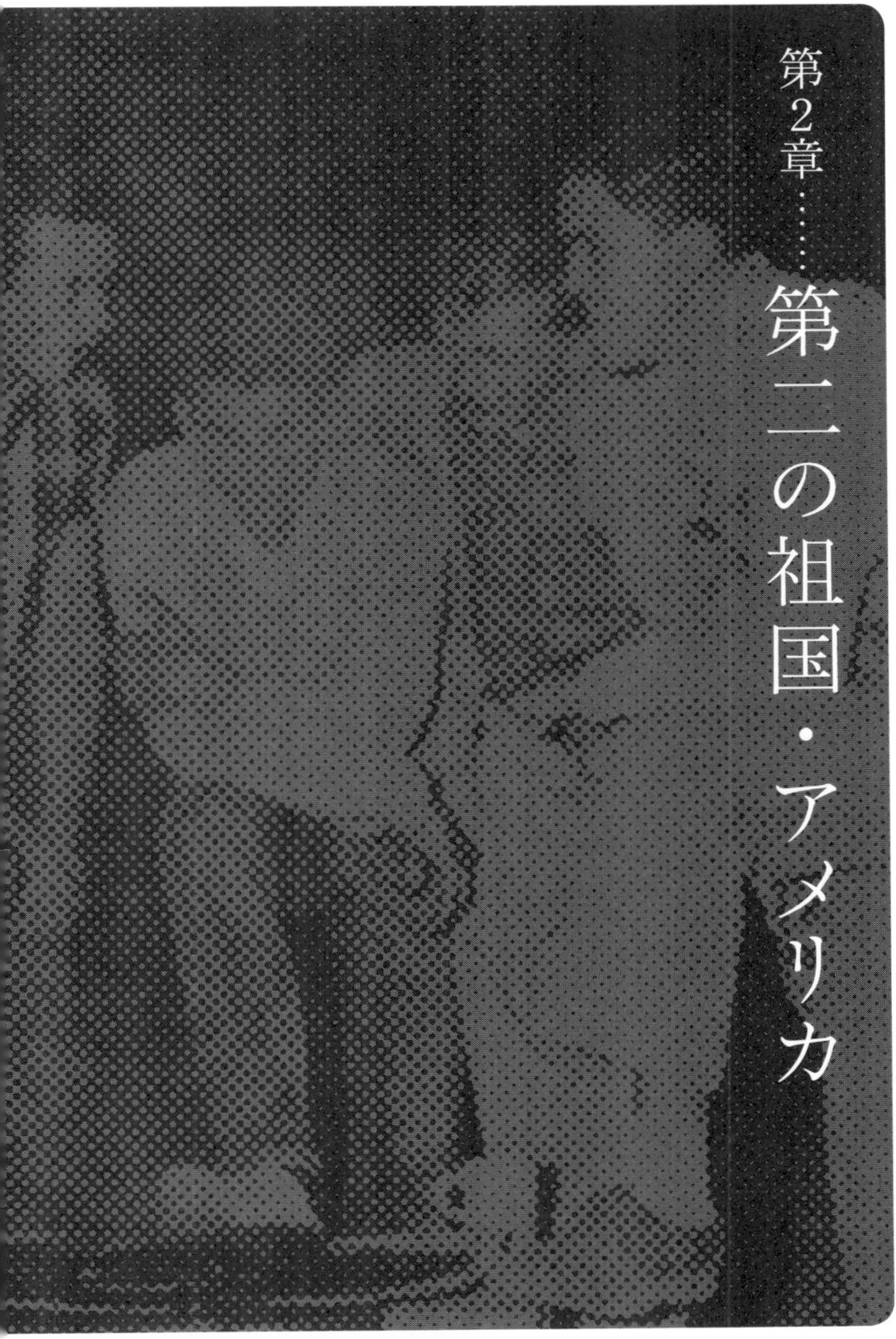

第2章……第二の祖国・アメリカ

中高一貫のジャドソン・スクール

砂漠の中にある自然豊かな環境で

小学生の頃に結核を患ったことが原因で、中学に進学してからも、肺病で長期間学校を休む状態が続いていました。

そんなわたしを心配して、母は、わたしを気候の良いところで生活させたほうが良いと考えたようです。母・ヴァイオレットは、英国ロンドンの南に位置するサセックスの出身で、日本という異文化での生活でも、いつも前向きで明るい母でした。

そんな母が探してきたのが、米国・アリゾナ州にある私立の寄宿学校ジャドソン・スクールでした。今はもう廃校になってしまいましたが、フェニックスのすぐ隣にあるスコッツデール（Scottsdale）という町にある学校でした。米国に渡ったのは14歳の時（1952年）で、その1か月後、わたしは15歳の誕生日を迎えました。

15歳から親と離れて異国の地で生活してきましたが、最初の1週間はホームシックになったものの、好奇心旺盛な祖父や父の血が流れているので、その後は、新しい世界が楽しくて仕方がありませんでした。

ジャドソン・スクールは日本でいう小学校から中学、高校までの一貫校で、全校生徒200人弱のこぢんまりした学校でした。宗教は問わず、ヘンリー・ウィックという兄と、その弟のデビッド・ウィックの兄弟が創設し、運営していた学校でした。

アリゾナの砂漠の中にあり、宿舎の窓から外を見ると、あたり一面サボテンが生えているようなところでした。

スコッツデールは比較的暖かく、雪も降らないため、リゾート地でもあったので、ニューヨークやシカゴなど、東部の裕福な子どもたちが学びに来ていたり、わたしのように、ぜんそく等の呼吸器病を治すために入学してきた子どももいました。

温暖とはいえ、アリゾナ州の最北端にはグランドキャニオンがあり、北部の標高の高い地域には雪も降ります。アリゾナ州はさまざまな姿を見せる、自然の非常に美しい州なのです。

わたしの留学の一番の目的は健康促進だったので、入学してしばらくは、ほとんど毎日のように馬に乗っていました。

学校には150頭ほど馬がいて、カウボーイのように馬から縄を投げて牛を捕らえたり、毎日のように馬と触れ合う学生が大勢いました。わたしも日本にいた頃、皇居の中にあったパレス乗馬倶楽部で乗馬を体験していました。結核が治って、ある程度、体を動かせるようになってから、体力をつけるために通い始めたのです。乗馬を教えて下さる先生方は、皆さん旧陸軍の方たちでした。平成の今上天皇も、パレス乗馬倶楽部で乗馬の練習をされていました。

日本にいるときから、ある程度、馬に親しんでいたので、アリゾナで馬に乗ることにも違和感はありませんでした。

ジャドソン・スクールの敷地内には、長さ300ヤードのポロ・フィールドもありました。砂漠なので芝を張るのが大変なため、砂に油をまいて、フィールドの砂が飛ばないようにしてありました。油で黒い砂になってしまうのですが、地面が柔らかくなり、馬にとっても負担が少なくなるのです。

アリゾナ州には、ツーソンという都市に、もう一つ私立学校があり、その学校と年に数回行われるポロの対戦試合にも参加していました。

馬がたくさんいたジャドソン・スクール。馬に乗って輪投げをする学友

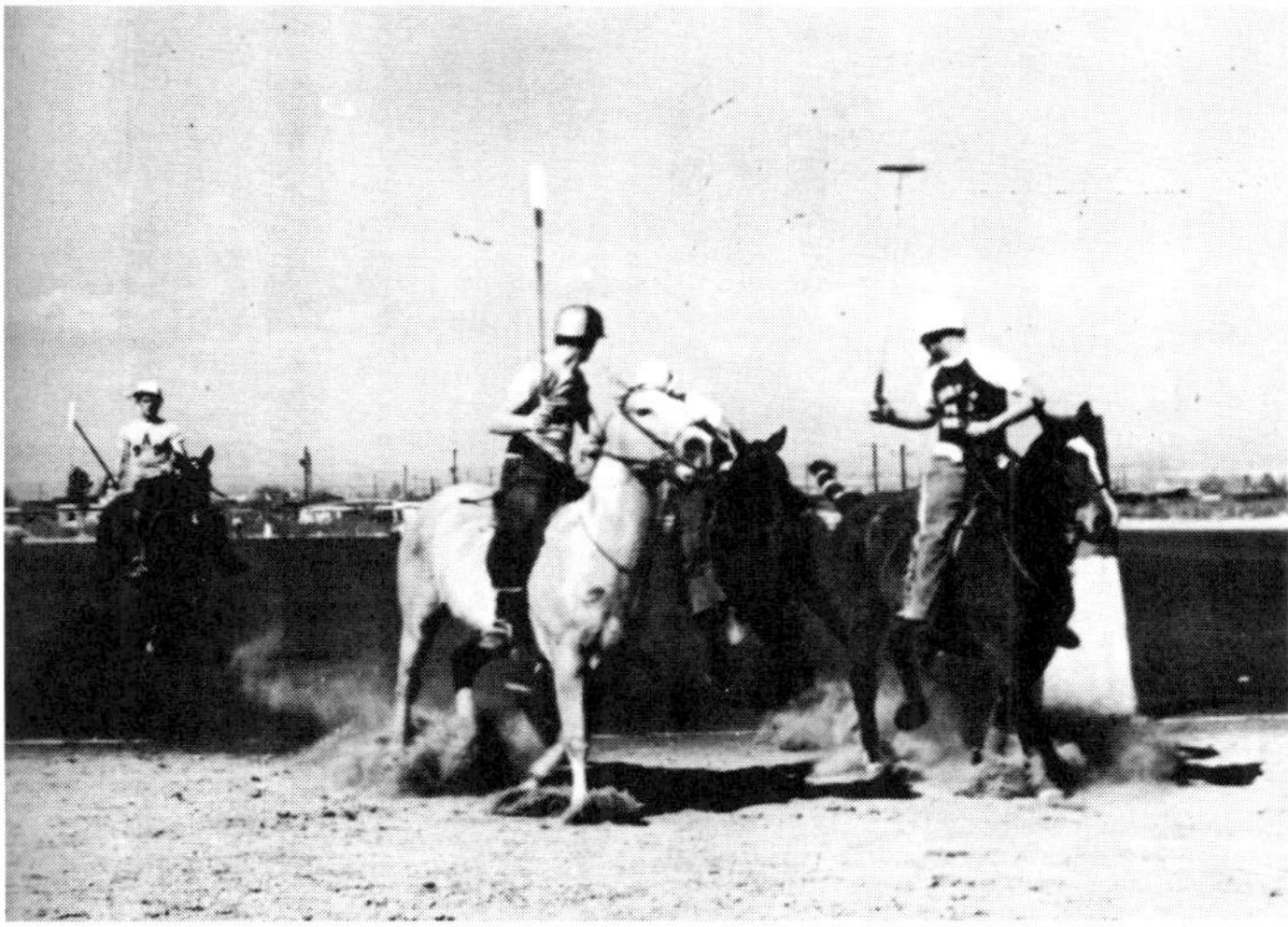

ジャドソン・スクールでのポロの試合の様子

衣食住を共にした仲間との寮生活

日本では肺病で学校を休んでいましたし、渡米直後は英語がそれほどできるわけではなかったため、学校は、そのあたりを考慮して、少し下の学年からスタートさせてくれました。

寄宿舎には必ず一人、先生が付いているのですが、わたしがいたドミトリーを担当する先生は、ご夫人も一緒に住んでいたので、ご夫人にも何かと面倒をみていただきました。英語の本の読書に難儀しているときなども、丁寧に教えて下さいました。わたし以外、日本語を話す人はいなかったので、馬に乗ったり、寄宿舎で先生や友人と接する中で英語を身に付けていきました。半年程経つと、英語には不自由しなくなり、本来の学年で授業を受けるようになりました。

入学した直後は成績も中の下でしたが、1年後にはBが取れるようになり、2年目にはAも取れるようになっていました。普通校なので、カリキュラムは他の学校と変わらず、English と数学を中心に、科学や歴史、社会などの授業がありました。

英語は基礎学習を受けないまま、いきなり実地で授業を受けたわけですが、英語の習得に関しては、文法はそれほど真面目にやらなくても良いものだなと、つくづく感じました。文法よりも、やはり聞いて覚えて、使っていくうちに「これはおかしい」「これはおかしくない」ということがわかるようになっていました。

授業以上に、何よりも得難い経験となったのは、仲間との生活でした。全寮制なので、朝食から夕食まで、一日一緒に過ごします。同年代の仲間ですから、一日中遊んでいるような感覚で、非常に愉快で、楽しい毎日でした。

敷地の広い学校だったので、寄宿舎は一つの建物ではなく、複数の棟に分かれていました。一つの棟に20人程の学生が住んでいて、その学生たちを先生が住み込みで面倒をみるわけです。もちろん勉強も教えてくれますが、一人部屋なので、部屋をきれいにしているかなど生活面の指導も受けました。食事は全校生徒、同じ場所でした。メニューは、いわゆるアメリカン食で、フライドチキンやフライドポテトなどがよく出てきました。ミルクも、巨大なピッチャーに入っていて、それを自分のグラスに注いで飲むスタイルでした。こうして4年間、寄宿舎での楽しい時間を過ごしました。

のびのびと生活できたこともあり、当初の目的だった健康面の問題も、いつの間にか、ほとんど気にならなくなっていました。

CK HAEBERLE MIKE HEIMS KEI KOSAKA NANCY HOARD

It is unfortunate that the doubles tournament, traditionally a par
could not be held this year, but an intramural tournament, held in its
much a success as far as the students were concerned.

The Junior Varsity turned in the excellent record of an undefea

所属していたテニスクラブの仲間たちと。右から2人目が小坂敬

KEI KOSAKA
Tokyo, Japan

Kei is the other half of the team of Harris and Kosaka. Kei has one of the finest records of any senior graduating from Judson. He has won the "School Spirit Trophy." He is Managing Editor of the "Cholla", a member of the school tennis team, the Speech Club, the Honor Society and the Varsity Club. He is also Co-Editor of the "Cactus", a tremendous job in itself. On top of all this, he is secretary of our Senior Class.

Everyone can count on Kei for a helping hand and he deserves the popularity he has won for himself. Kei has an outstanding record on the school Honor Roll and in the College Board Examinations.

We hate to see him graduate and wish him every success in college.

ハイスクールの卒業写真。仲間たちからの“贈る言葉”には、テニス部や弁論部などで活躍し“School Spirit Trophy（学園賞）”を受賞したことなどが綴られている

ジャドソン・スクール時代、美食家の先生が月1回、生徒数人とステーキをメインとした料理を自分たちで作って食べる「グルメ会」を開催。先生はワインで、生徒たちはコーラで特別な夕食を楽しんだ。一番右が小坂敬

西海岸から東海岸のコルゲート大学へ

急遽、進学先の大学を変更して……

ハイスクール卒業後は、学校の指導でSATを受けました。日本でいう共通一次試験です。フェニックス州の高校が一斉に行う試験で、その試験の成績によって学校の推薦状などをもらい、大学に願書を出すのです。複数の大学に願書を出しましたが、その中で選んだのが、オレゴン州のリードカレッジという大学でした。

わたしの母は英国人なので、同じ英国人で、日本人の男性と結婚したご夫人と親しくしていました。そのご夫人のご子息が通っていたのがリードカレッジで、非常に良い大学だと聞いていたため、願書を出すことにしたのです。無事、合格し、入学金の振込みも済ませたのですが、いざ入学することを考えると、ふと迷いが生じてきました。これまで過ごした西海岸の他の地域には足を運んでいましたが、せっかくアメリカにいるのに、東海岸にはまったく行っていなかったからです。

そう考えると、それは良くないなと思い、東海岸はどんな地域で、どんな文化のあるところなのか、経験したいという思いが日増しに強くなっていきました。父譲りの好奇心旺盛な面が出てきたのです。思い立つと、居てもたってもいられず、自分でもう一度、大学探しを始めました。ただ、ぎりぎりになって考え始めたので、あまり時間に余裕がない（笑）。

それで、慌てて願書を出して、合格したのが、ニューヨーク州のコルゲート大学という小さな大学でした。

コルゲートというと、歯磨き粉のブランド名として聞いたことがある方もいるかもしれません。コルゲート大学は、まさにその歯磨き粉を開発したコルゲート一族による多額の寄付金を受けて運営されている大学です。大学そのものは１８１９年（文政2年）に創設されましたが、コルゲートファミリーへの敬意から、１８９０年（明治23年）に校名がコルゲート大学になりました。

わたしが通っていた頃の生徒数は１５００人程度で、専科もありますが、リベラルアーツと言いますか、人として、いかに立派な人材を育成するか、という人格育成を重視している大学でした。

ですから、教育理念においても、人格をつくるところから教育を始める学校でした。ハーバード大学などに比べると、こぢんまりした大学ですが、わたしには非常に合った大学でした。

特に印象に残っているのが、哲学と宗教の授業です。この二教科は1年生の必須科目で、1年間を通して、ギリシャ哲学から、全世界のあらゆる哲学を学びました。ヘーゲルやデカルト、カント、マルクスなどの哲学も勉強しましたし、宗教もユダヤ教、イスラム教、仏教とすべて学びました。No Religionと言って、特定の宗教に属さない〝無宗教〟という考え方があることも教えていました。

ニューヨーク州にはユダヤ系のご子息が多いので、世界の哲学や宗教を知ることは、彼らにとって、かなりのカルチャーショックだったようです。ユダヤ教以外の人とは結婚をしてはいけないといった教えもありますし、それまでユダヤ教の価値観の中で育ってきた彼らは、18歳になって、まったく異なる世界を知ったのだと思います。

わたしは、仏教も神道も尊重していましたが、当時はキリスト教に関心があり、学校のチャペルに通っていました。朝10時にチャペルでプロテスタントの牧師による説教があったので、仲間とそれを聞きに通っていたのですが、参加しないと〝罰点〟がついて、罰点が溜まると、みんなの前でパドルというクリケットの器具でお尻を叩かれるという体罰がありました。幸いわたしは叩かれずに済みましたが、痛さよりも、恥ずかしさが応える体罰でした（笑）。

大学進学間際になって、急遽、東海岸の大学への進学を決めましたが、同じアメリカでもやはりさまざまな違いがありました。

特に、コルゲート大学で世界の哲学や宗教を学び、友人との交流で、そうした世界の多様性を直に経験できたことは、非常に大きな財産になっています。

保守的なメイン州で驚きの光景

西海岸を離れて、東海岸のコルゲート大学に入学したわけですが、ただ漠然と学生生活を送るのは良くないと思い、大学では、とにかくいろんな経験をしようと決めました。

米国の最東北部のメイン州出身の先輩がいて、彼は生活費を稼ぐため、いつもアルバイトをしていました。夏休みも、メイン州の海岸沿いにあるリゾートホテルでバイトをしていて、わたしも彼に紹介されて、そこで働くことにしました。

リゾートホテルといっても、日本でいう民宿のような、夫婦で経営しているホテルです。人手の足りない繁忙期は、学生アルバイトを雇っていました。

夏休みに入った直後にアルバイトが始まるので、すぐに行かなくてはいけないのですが、米国最東北部なので行くのが大変でした。期末試験でまずい点を取るわけにはいかないので、徹夜で勉強して試験を受けて、試験が終わると、そのまま車に飛び乗ってメイン州へ向かいました。ところが、ふと気が付くと、お金がない（笑）。これは困ったなと。とはいえ「まずはメイン州に行くことが先決」と車を走らせました。

10ドルほど手持ちがあったものの、全額ガソリンにつぎ込まなければ目的地まで辿りつけない。仕方がないので、食べるものは我慢して、道中のコンビニで1箱25セント程度のクラッカーを買って、それを食べてしのぎました。一日中運転して、ようやくホテルに到着しました。

ホテルに着くと、まずオーナーのところへ「アルバイトで参りました。よろしくお願いします」と挨拶。そして、その直後、「ところで、大変申し訳ないのですが、一週間分の給料を前貸しして下さい」とお願いしました（笑）。いきなりですから、オーナーは怪訝な顔をしていましたが、わたしの要求に応じてくれました。

ホテルなので、寝室は客室で、食事もホテルのコックさんが作ったまかないを食べていました。

わたしの仕事は皿洗いと料理人の手伝いで、主にキッチンでの仕事でした。

メイン州はロブスターが名物なので、ロブスターを山ほど提供していました。昆布かワカメかわかりませんが、海藻の入った鍋にロブスターを入れて、エキスで味付けして茹でて食べるので、米国にもダシの文化があるのだなと思いました。ただ、生きているロブスターを鍋に放り込む調理法は豪快で、アメリカだなぁと思いました（笑）。

キッチンの仕事は、ランチが終わるとディナーまで2時間ほど時間が空くので、宿泊客がいる浜辺は避けて、仲間と砂浜で泳いだりしていました。

アルバイトが休みの日は、少し遠出もしました。先輩から「skinny dipping をしよう」と誘われて、田舎町へ行ったのですが、行ってみて、びっくりしました。緩やかな流れの川があって、そこで、老若男女、みんなが素っ裸になって泳いでいたのです。メイン州は非常に保守的な州なので、開放的な一面があることを知って本当に驚きました。

大人も子どもも、男性も女性も、裸になって川で遊んでいるのですが、それがとても自然な感じで、違和感はありませんでした。行ってみないとわからない土着性と言いますか、地域による文化の違いや風習を実感したできごとでした。

それから、これは大学院生時代の話になりますが、ペンシルベニア州出身の寮生がいて「クリスマスに家に来ないか？」と誘われて、彼の実家へ遊びに行ったことがあります。ポーランド系アメリカ人で、クリスマスもポーランド式でした。クリスマスには普通、七面鳥を焼きますが、彼の家ではガチョウを丸焼きにしていました。ガチョウなのでものすごく大きくて、脂もすごい。調理をすると、油の中にガチョウが浮いている感じでした（笑）。

単一民族単一国家のわたしたち日本人からすると不思議に思えますが、米国人はルーツにこだわるというよりも、その場その場で対処する傾向があると思います。人間関係においても同様で、新しい環境でも、すぐに居場所を確保する感じです。ルーツというよりも、共有できるものがあるかどうか、人として合うかどうかを判断するので、一番大事なのは〝価値観〟なのだと思います。

寮では、わたしの部屋の向かいに大金持ちのユダヤ系アメリカ人が住んでいました。彼と話していると、ユダヤ系のお金持ちが、どんなことを考えているのかがわかってきました。つまり、流浪の民としての歴史から、血縁や財産を大事にする価値観があるわけです。

一方で、50's（フィフティーズ）のアメリカですから、古き良き時代であり、自由奔放に生きている若者もいました。エルヴィス・プレスリーが乗るようなキャデラックを乗り回しているような若者たちです。

わたしは16歳で免許を取り、大学時代、北部、中部、南部と三回、全米を横断しました。

春休み、カンザスシティが実家の同級生から「家まで来ないか」と誘われ、彼ともう一人を車に乗せて、三人でニューヨークからカンザスシティまで行ったことがあります。三人で運転を交代して、夜通しハイウェイを走りました。一人は後部座席で横になり、もう一人は助手席でうたたね。カンザスシティに着いたのは明け方で、全員ぐったりしていました。「とてもじゃないが、今日は何もできない」と、一日中眠ってしまいました。

アメリカは本当に広いので、場所によって、価値観や考え方がまったく違う人たちがいるのも納得できます。

鉄鋼業の盛んなピッツバーグあたりへ行くとポーランド系の人が多いですし、アメリカは一つの国でも、州や地域によって異なる側面を見せます。

コルゲート大学には1956年（昭和31年）から60年（昭和35年）までいましたが、〝人種のるつぼ〟と言われるアメリカの多様性を学んだ大学時代でした。

自立しようと奨学金で大学院を選択

学業の方は、最終的に物理を専攻しました。ただ、小さな大学なので、物理といっても最先端の研究ではなく、オーロラの研究をしていました。ニューヨーク州でも中心地から車で4時間以上離れているので、大学からオーロラが見えたのです。

物理の先生で面白い人がいて、オーロラの観測とクロマトグラフィーといって、光を分析して、そこにどんな元素が入っているのかを研究している先生がいました。

オーロラだけでなく、オーロラの高さも測定する必要があったので、夏休みのアルバイトとして、先生の研究室でオーロラの観測をしていました。コルゲート大学から150キロほど離れたところに、ハミルトンカレッジという大学があり、そこの先生も同じ研究をしていたので、オーロラが出ると「先生、出ましたよ」と電話で連絡を入れていました。オーロラが出るのは夜の11時頃なので、先生のところに電話をかけて先生を起こすわけです。

そして、両方の大学から同時に写真を撮り、撮った写真をすべて集めて、星の位置を目安に比較をして「地上何キロの高さのオーロラから、こんな光分析の結果が出ました」と先生に報告していました。何もない町でしたから、夜は半分うとうとしながら、夏の間、毎晩大学でオーロラを観測していました。

アルバイトはしていたものの、大学まで親のすねをかじって生活してきたので、大学院は奨学金で選ぶことに決めました。つまり、奨学金の額で進学する大学を決めたわけです（笑）。

物理で進学できる大学院で、最も奨学金の多い学校が、ミシガン州立大学でした。わたしが受けたのはNational Science Foundation（NSF）という国の奨学金で、その奨学金でミシガン州立大学の大学院に入学しました。

ミシガン州立大学は広大な敷地を持つ大学で、学費はもちろん、新築の寮にも無料で入れました。全個室で、二部屋に一つバスルームがあり、メイドサービスまで付いていて、まさにホテルのような寮でした。毎日、ベッドメーキングをして、シーツやタオルも新しいものに替えてくれる。これが、奨学金で全部タダになるわけです。カフェテリアの食事ももちろん無料。さらに生活費も支給されるので、おつりがくる状態でした。

州立大学は、その州の住民で、希望があれば誰でも入学できるので、一年生はものすごい学生数になります。ところが、二年生になる頃には半分以下になっています。成績が悪くて進学できない人もいれば、卒業する気はないけれど、一年間だけ大学生活を経験してみよう、という人もたくさんいました。州税を払っているので、入学する権利があるという考えですね。

ミシガン州立大学はミシガン州のちょうど真ん中にあり、農業大学が発展して総合大学になった大学でした。一つの街のような本当に広い大学で、キャンパスの中だけですべて事足りてしまうので、大学の外に出る必要もありません。

そういう意味では、本当に恵まれた環境で、満足感のある学生生活でした。

日本人初のノーベル賞受賞者となった湯川秀樹さんに憧れていたこともあり、大学院では原子物理の研究をしていました。教授のサイクロトロン研究の手伝いをさせていただいて、卒業論文もサイクロトロンをテーマに書きました。

コルゲート大学のフラタニティー（友愛）ハウスで学友たちと。
写真中央が小坂敬

コルゲート大学を卒業した頃

ただ、博士号を取るということは、大学の先生になるということ。職業の選択は人生の選択にもなりますから、わたしの人生は大学の先生で良いのか、考えました。そして、もっと他の人生もあるのではないか、違うこともやってみたいと、修士課程修了後、就職する道を選びました。

わたしの姉もアメリカの大学を卒業し、日本に帰国して、外資系企業で働いていたのですが、その会社が、フィリップスでした。姉は、当時、日本法人社長を務めていたジーン・ラテキンさんの秘書をしていて、わたしが夏休みに帰国した際、ラテキンさんを紹介してくれました。

いろいろ話をお聞きしたところ、ラテキンさんは「わたしが推薦するので、フィリップスで働かないか」と誘ってくださいました。オクラホマの本社に研究所があり、その仕事を紹介されたのです。この瞬間、わたしのフィリップス入社が決まりました。

正式な面接も受けないまま入社が決まったので、大学院を卒業して、初めてオクラホマにあるフィリップスの本社へ行きました。

こうして、わたしの社会人生活は始まりました。

戦後、アメリカに留学

“新しくきた留学生”として新聞に登場

トータルで10年間、アメリカで教育を受けました。日本にいてエスカレーター式に大学へ進学し、限られた交友関係の中だけで生活していたら、見えなかったこと、気づかなかったことも多いと思います。その意味で、わたしにとって、米国留学は非常に貴重な経験であり、人生に大きな影響を与えるものとなりました。

１９５２年（昭和27年）、初めての渡米は、母とアメリカの大学に留学する姉と一緒でした。

横浜から船に乗り、12日間かけてサンフランシスコに到着しました。長旅なので、途中、ホノルルに寄って、朝から一日ワイキキで遊んだ日もありました。そして夕方、船に戻り、翌朝に出航。サンフランシスコへ向かいました。

船旅で印象的だったのは、船に乗っているのが、日本人も外国人も若い人ばかりだったことです。当時は、まだ飛行機で旅行する時代ではなく、海外へ行くとしたら、船で移動する時代だったからです。Ｂ29を改造した旅客機、ストラトクルーザーもありましたが、アラスカのアンカレッジ経由など、直行便がなかったため、わたしたち家族は船で行くことにしたのです。

米国の学校に通った10年間、日本には二度帰国しましたが、一回目の帰国も船を利用しました。ただ、アメリカに戻るときは、ＪＡＬの飛行機でウエーク島とホノルル経由でサンフランシスコに入りました。

ちょうど、海外旅行が船から飛行機へと変わる時期だったのです。

わたしの印象では、50年代から60年代は、アメリカが本当に強い時代だったと思います。戦争に勝利して、景気も良かったですし、国民も特に大きな不満もなく、非常に大らかで、湿った空気をまったく感じない国でした。移民の国ですから、外から来る人々に対しても、ウェルカムな風土がありました。

わたしも渡米直後、地元の新聞の取材を受けて〝新しくきた留学生〟として新聞で紹介されたことがありました。趣味や好きなこと、アメリカの印象などを聞かれて「アメリカに来て食べたステーキがものすごくおいしかった」という話をしたら、取材をしていた記者がとても喜んでいました。日本でステーキなど食べたこともなかったですし、初めて食べたステーキの味は、アメリカの豊かさを実感するものでもありました。

家族と離れて暮らすと、よくホームシックになると言われますが、わたしの場合、瞬く間に、アメリカでの生活が楽しくて仕方がなくなっていました。アメリカに来て、いきなりの寮生活でしたが、「心細いな」と思ったのは1週間程度。それを過ぎると、家族と離れて暮らす心細さなど忘れていました。まだ子どもでしたから、アメリカに

The Arizonian

KEI KOSAKA

LIKES STEAK WITH . . .

In the groove and leading a typical American life is Tokyo-born Kei Kosaka. Kei entered the United States last year leaving his parents in Tokyo where they own the Ambassador and Fairmont hotels.

He is a sophomore at Judson School for Boys, where he's preparing himself for a college education in electrical engineering.

A top student in studies he also enjoys sports, particularly polo and tennis.

Kei's favorite food is steak with all the trimmings.

Enjoying himself thoroughly, he isn't homesick, but added that he'd like to visit his parents each summer. He plans to do so this year.

地元の新聞で紹介された記事
（1953年）

来てからの生活は未知の世界でした。異国での生活に加えて、人生において初めて経験することばかりだったので、とにかく毎日が楽しかった。

アメリカでの生活は、そんな楽しい日々の連続でした。

軽井沢での疎開生活とアメリカで知った戦争の痕跡

日本人ということで、アメリカで何か嫌な思いをしたことはありませんでした。ただ、ある時、町中を歩いていた時、ごく普通のおじさんが、わたしのところへやって来て「わたしは日本人が嫌いだ」と話しかけてきたことがあります。「兄は太平洋戦争で日本兵に殺された。だから、日本を好きになれない」と言うわけです。

敵意を持って言われたわけではなく、わたしのことが嫌いなわけではないが、日本人のわたしを見て、ひと言、それを伝えたかったようでした。

日本人は、そうしたことを敢えて伝えることはしないので、正直な思いを伝えてくるアメリカ人の性質を興味深く感じました。

また、見知らぬアメリカ人に、そう言われたことで、アメリカ人の中にも、戦争で悲しんだ人が大勢いることを認識しました。

わたしの戦争の記憶というと、日本にいた頃の話になりますが、まだ小学生だったので、当時は戦争について、きちんと認識していなかったと思います。

空襲が多くなり、戦争が激しさを増してからは軽井沢に疎開していたので、終戦の8月15日も軽井沢で迎えました。

東京にいた頃は、通学時に防空頭巾をかぶったり、ケガをした時に応急処置をするための救急袋を必ず携帯していました。また、建物も空襲を避けるために、黒くカムフラージュしているなど、日常の光景に戦争を感じさせるものがありました。生活面でも、食べる物の制約があり、食べたい物を食べることはできませんでした。疎開先の軽井沢では、自給自足のようなところがありましたが、砂糖や肉、魚など、モノによっては制約があったのです。

そういう意味で、子どもながらに「戦争をしているのだな」という認識はありましたが、東京大空襲のときも軽井沢にいたので、空襲の被害を目の当たりにすることも、人の死を目撃することもありませんでした。

また、爆撃機が軽井沢の上空を旋回しても、軽井沢を通り越して新潟に向かうので、爆撃を受けたこともありませんでした。

けれども、大人になって当時を振り返ると、これだけ多くの人が悲しみ、苦しみ、苦悩する戦争は、何としても避けなくてはならないと考えるようになりました。

当時の時代背景から、戦争を正当化する理由を挙げる人もいます。しかし、いくら戦争を正当化しても、これだけの苦しみを人々に与える戦争というものを、今後、同じ人間として決して起こしてはならない、という思いが強くあります。

平岩氏と元米国兵の間に生まれた友情

戦地で戦う兵士たちも、果たして相手を殺すほど、強い憎しみを持っているのか、ということもあります。

戦後、軽井沢の別荘で乗馬する小坂敬。留学前の1951年に撮影

何の憎しみもない相手でも、軍の規律として、やるときは、やらなければならない。ただ、それは国を守ろうとする使命であって、相手が憎いからではありません。

実際に、第二次世界大戦で戦った兵士の話を聞いても、戦争の不条理を感じます。

フィリップスに勤めていた時のことですが、アラスカのＬＮＧ（液化天然ガス）の仕事の中で、東京電力とのお付き合いがあり、その責任者として立ち会われていたのが平岩外四さんでした。フィリップス側の担当者のジョン・ホーンは、第二次大戦中、南太平洋で日本兵と戦った元アメリカ兵で、話をしていくと、平岩さんと同じ戦場で撃ち合った間柄だとわかりました。

その事実を知り、二人は非常に親しくなりました。

おそらく、戦争というものを同じ場所で経験していたからこそ、共有し、理解し合えるものがあったのだと思います。

お互い、敵国として戦ったのであって、人間同士としては、憎しみなど持っていなかった、ということです。

戦争中、二人はニューブリテン島の都市・ラバウルにいたので、戦後、奇遇にも再開した後は、仕事を終えて、夜飲みに出掛けると、二人でラバウル小唄を歌ったりしていました。

その後も、ジョン・ホーンは日本に来ると、必ず、平岩さんのところを訪ねていました。たとえ敵国であっても、戦争を生き抜いてきた同志として、「生きてて良かったな」とお互いの存在を確かめ合っていたのだと思います。

では、個人では存在しない憎しみが、国が相手になると、なぜ生まれ、戦争が起きてしまうのか――。

自国の利益が相手国の利益と一致せず、その差をどう埋めるのか、という問題が起きた時、相手が侵害してきたら「やっつけるしかない」という発想で戦争が始まるわけです。しかし、今まで戦争に勝ったからといって、大きな得をした国や民族はあるのでしょうか。結果論からも、そんな国はどこにも存在しないことを歴史は証明しています。

人類数千年の歴史の中で、世界のどこかで、いくつもの戦いが繰り広げられてきました。勝てば平和が続く、天下泰平の世の中になると言って、戦争をするわけですが、それは理想であって、現実はそうはならなかった。それが、人類の歴史です。にもかかわらず、現代でも、世界のどこかで常に戦争や紛争が起きています。

争いを回避するためには、互いの価値観の違いを乗り越えて、信頼できる関係を築くことが必要です。また、そのためにも、互いに、絶え間ない努力をしていくことが重要なのだと思います。

これは、わたしが海外生活や外国の方々との交流を通じて学んできたことであり、これからを生きていく方々へのメッセージでもあります。

テキサスのレストランで食事が提供されず……

普段、アメリカでの生活で差別を受けたことはありませんが、旅行中、ある出来事がありました。

アメリカの大学に留学していた姉とテキサス周辺をドライブしていた時のことですが「お腹が空いたので、ドライブインでサンドイッチでも食べよう」とレストランに入りました。

ウェイトレスに注文を伝えると、コーヒーは持ってきてくれたのですが、待てど暮らせど、ハンバーガーが出てこない。どうも様子がおかしいわけです。

何が起きていたのかというと、テキサスはメキシコの国境に近かったので、メキシコ人に対する差別があった。それで、店の方針として、メキシコ人にはサービスを提供していなかったわけです。

今はそうした差別はありませんが、１９５０年代は、まだ根強い差別が存在していました。そういう状況だったので、ウェイトレスも困った顔をしていました。おそらく、オーナーに「移民には食事を出してはいけない」と言われていたのだと思います。ただ、そうした差別がアメリカ全土であったわけではありません。わたし自身、みんなが皆、そうではないことを知っていたので「ウロウロしていても仕方がないし、もういいや」と言って、姉と二人で店を後にしました。

アメリカ人の面白いところは、みんなが足並み揃えて何かをするわけではないことです。差別をするのは、そう思っている人だけがやっていることなのです。

米国の文化と日本の文化

副社長夫人が無償の看護師に

2016年の米国大統領選では移民対策が大きな問題になっていますが、わたしのアメリカ滞在中の印象としては、差別どころか、至るところで歓迎されているなと感じたことがたくさんありました。渡米直後の新聞取材もそうでしたし、先生や仲間も、わたしを家族の一員のように接してくれる人が多かったからです。

そうした温かさに通じることだと思いますが、アメリカ人のすごさを感じることとして、ボランティア精神があります。

大学卒業後に入社したフィリップスの本社は、オクラホマ州のバートルズヴィルという、フィリップスの本社以外、何もないような田舎の町にありました。

本社の所在地なので、重役の家族も住んでいたのですが、副社長夫人は、週の半分を病院での奉仕活動に費やしていました。彼女は若いとき、看護師をしていたので、看護師の資格を持っていて、週3～4回病院に行ってボランティアで働いていたのです。副社長夫人ですから、大金持ちです。その彼女が無償奉仕で、看護師として働いていました。

お金があって、副社長夫人だからといって威張ったりすることもなく、当然のことのように奉仕活動を行っている姿には感銘を受けましたし、本当に大変なことだなと感じました。アメリカでは若手起業家も成功を収めると、多額の寄付を行います。寄付行為が文化として根付いていることも、すごいなと感じるところです。

わたしも大学院はＮＳＦ（National Science Foundation、米国国立科学財団）の奨学金で卒業しましたが、アメリカの寄付文化は本当にすごい。

衣食住すべて無料で提供され、生活費まで支給されたので、大学院生時代は奨学金だけで、何不自由もなく生活できました。

それだけのことができる寄付金が大学に入るわけですが、何か見返りを求めて行う寄付ではありません。

日本の奨学金は、卒業後、返済義務のあるものが多いですが、アメリカの奨学金は全額譲渡のものが多い。わたしの場合は、通っていたミシガン州立大学を卒業した時に、ジョブオファーといって「オークリッジに来ないか」という引き抜きがありましたが、これも文字通りのオファーでした。

〝オークリッジ〟とはアメリカ合衆国エネルギー省の管轄下にある「オークリッジ国立研究所」のことで、原子力の研究を行っているところです。わたしは物理を専攻していたので、そのオファーが来たのです。ただ、オファーがあったからといって、強制ではありません。わたしは研究者ではなく、ビジネスの道を選び、そのオファーには応えませんでしたが、それでも何の問題もありませんでした。

しかし、アメリカも状況が変わってきているようです。

2016年の大統領選で民主党から立候補しているバーニー・サンダース氏が公立大学の授業料無償化を政策の一つに挙げて、若者からの熱狂的な支持を得ています。公立大学の授業料も年々高くなっていますし、私立大学では年間300万円近い学費がかかります。そのため、大学卒業と同時に、学資ローンによる多額の借金を背負い、生活が破綻する若者も出てきています。

わたしがいた頃のアメリカは、世界を席巻する強さがありましたが、米ソ二大大国の冷戦時代が終わり、多極化の時代となった今、アメリカも大きく変化していると感じます。

その象徴が、共和党から立候補して、一部のアメリカ人から絶大な支持を得ているドナルド・トランプ氏なのかもしれません。

自立を第一に考える米国の教育

ボランティアや寄付精神に加えて、アメリカで感心することは、土着のアメリカ人たちの強さです。子どもを育てるにしても、ワガママは絶対に許しません。ですから、小学生の頃から、子どもを自立させるような教育をしています。

例えば、朝早くから新聞配達をさせるなど、自分で稼いで生活する意義を、小さい頃から教えるわけです。

子どもでも、自立する経験を積んでいれば、何か起きたときの対応力が違ってきます。度胸もつくので、咄嗟のできごとにも動じずに対応する力がある。

日本人も、昔は、そうした教育をしていたと思いますが、今はそうではなくなっているように感じます。

例えば、戦国時代は何が起きてもおかしくない時代でした。人質にならないよう、武将の親族は、女性も子どもも夜に城を出て、山や谷を越えて逃亡しなければならなかった。危険を冒して逃亡していますから、道中、何か起きたとき、自らの命を守る術が必要だったのです。

けれども、そういう状況に置かれることで、人間は対応力というものを身に付けていくのだと思います。ところが、今は、子どもたちが対応力を身に付けられる経験が少なくなっています。

首都圏では、平日の子どもの遊び相手の80％が母親だという統計が出ています。この比率は年を追うごとに増えています。

本来なら、同世代の子どもたちと遊ぶのが理想的ですが、同世代の子どもたちと遊んでいるのは全体のわずか20％。つまり、母親と遊ぶ子どもが圧倒的に多いわけです。同世代の子どもなら、何か諍いが起きたとき、相手の子どもに立ち向かっていきます。しかし、母親は、自分の子どもに立ち向かったりはしません。

立ち向かうのが良いか悪いかではなく、立ち向かわれた子どもは、相手と絶交するのか、もしくは遊ぶ関係を保ちながら問題に対処するのかなど、対応を迫られます。その経験が子どもにとって大切なのです。同世代の子どもが相手なら、こうした経験を積めますが、大人が相手では不可能です。こうした経験は、生きていく中で、人間関係を円滑にしていくためにも非常に重要です。子どもと遊ぶ母親は多いですし、それは悪いことではありません。また、母親が厳し過ぎると、子どもにとって精神的な拠り所がなくなってしまうので、それも良くないなと思います。

母親は精神的な支えであるべきですが、それで終わるのではなく、子どもに対応力をつける経験をさせていくことが大事なことだと思います。

その意味では「母親が子離れする」ことが一番です。敢えて子どもを外に出して、目をつぶって「仕方がない」と諦める。

それこそ、寄宿学校などに下宿させたり、ボーイスカウトに参加させて、野山で自然を相手に生活させてみることも良いと思います。

とにかく、子どもが親の保護を離れて経験できる場が、今の子どもたちには必要なのではないでしょうか。

日本がこれからも豊かで安心・安全な国として繁栄し続けるためにも、それは非常に重要なことだと思います。

自衛のための銃、自国を守るための銃

日本人と外国人の間には、自己防衛に対する認識の違いがあるかもしれません。70年以上、戦争や紛争のない平和の中で暮らしてきた日本人にとって、外国人の自己防衛意識の高さは異質に映るところがあります。

けれども、グローバルで見れば、日本人のほうが異質なのかもしれません。大学時代、ホテルのアルバイトをしていたメイン州では名物のロブスターを近くの海で獲るのですが、捕獲場所には目印の旗を付けた浮きがありました。旗はすべて、色や模様が違っていて、誰が仕掛けたものかわかるようになっていました。

直接、目撃したわけではないのですが、聞いた話では、漁師は皆、銃を持っていたそうです。ロブスターの盗難を防ぐための拳銃です。

相手にキズを負わせるところまではいかなくても「俺のロブスターを取ったら承知しないぞ」ということです。これは、ある意味、開拓者精神を引き継ぐ西部の文化ともいえます。アメリカは銃社会ですが、わたしがいた頃のアメリカは、今のような銃による無差別テロといった悲惨な事件は起きていませんでした。未開の地を開拓する

ためには、銃が必要であり、そうした歴史も含めて、あくまでも銃は自衛のものであり、銃に対する敬意を持っていたのだと思います。

ですから銃の扱いについても、法規制はなくとも、当時から、かなり厳しい管理をしていました。例えば、親が子どもに銃の説明をするとき「絶対に、こういうふうに扱ってはいけない」と銃の扱いについて相当厳しく教えていました。

銃でいえば、スイスに行ったときのことも忘れられません。スイスは永世中立国であると同時に、国民皆兵国家であり、男性の国民は皆、軍隊に入らなければなりません。

任期を終えても予備兵として、いつでも招集がかかるので、どの家庭にも機関銃と1000発近い銃弾が常備されているそうです。

町の中にも射撃場があって、いつでも無料で練習できるようになっています。予備兵も定期的に山中での射撃テストがあり、パスしないと2週間テストが延期され、受かるまで試験をさせられる。だから、みんな必死に練習するわけです。

会社の社長も学生も、区別なく、訓練をさせられます。会社勤めをしている人なら、2週間も会社を休まなければならなくなったら大変です。ですから、そうした事態にならないよう、常に腕を磨いておく必要がある。射撃場で無料で練習できるのも、そのためなのです。

スイス人に、そうした体制について、考え方を聞いたことがあるのですが「スイス人は外には絶対攻めない。だから、国境の外には絶対に銃を向けない」と言われました。これは、逆を言えば「一歩でも国境に入ったら容赦しない」ということです。第二次世界大戦のときも、ドイツのヒトラーはイタリアと同盟を結ぶため、スイスを回避して遠回りをして、イタリアに向かいました。ドイツ軍の軍事力なら、攻撃することもできたと思いますが、スイスは自衛意識の強い国なので、戦いをすれば、かなりの時間を取られてしまう。イタリアへ行くことが目的なのに、スイスで足止めを食らうわけにはいかないので、スイスを避けていったのだと思います。

戦争は何としても避けなければなりませんが、日本人も自衛の意識を持たなければ、国際社会の中で取り残されてしまうようにも感じます。

自衛とは、言い換えれば、自立して生きるということでもあります。自立とは、生きていくうえで何よりも重要なことだと、日本人もしっかり認識していく必要があるのではないでしょうか。

第3章……フィリップスで学んだこと

オクラホマ本社から生まれる社風

研究者の心得を教えてくれた最初の上司

大学を卒業した１９６２年（昭和37年）、フィリップスに入社しました。フィリップスは１９１７年（大正6年）、フィリップス一族が設立したアメリカの大手石油会社で、本社はオクラホマ州北部のバートルズヴィルにありました。石油・天然ガスの探鉱から販売に加え、石油化学製品も扱っており、60年代から70年代にかけての日本の化学産業の発展にも寄与しました。

２００２年（平成14年）、フィリップスはコノコと合併。現在、コノコフィリップスとして、国際石油資本のスーパーメジャーの一角を占めています。

わたしは、１９６２年（昭和37年）から85年（昭和60年）までの23年間、フィリップスで仕事をしました。米国勤務は最初の2年半程度で、残りは日本本社での勤務でした。

フィリップスの本社があるオクラホマ州バートルズヴィルは、本当にのどかな田舎町でした。

オクラホマ州で一番大きな町はオクラホマシティですが、その次に大きなタルサという町の空港を降りてから、車で1時間程のところにバートルズヴィルはあります。

姉がフィリップス日本法人の社長秘書を務めていた関係で、入社が決まったため、入社して初めて、オクラホマの本社に行きました。

まず、人事部を訪ねると「研究所があるので、研究所長のところに行きなさい」と言われ、研究所長に会いに行きました。

研究所長はチャールズ・クックという物理の研究者で、非常におもしろい人でした。わたしが自分のやりたい研究をクックに伝えると「わかりました。やりましょう」と言い、やりたいことを何でもやらせてくれました。

その一方で、常に「こういう仕事をやる以上、研究内容に興味を持てなくなったら、やる意味はないよ。辞めて、違う仕事をしたほうがいい」ということをはっきり言っていました。

つまり、部下の意欲を尊重して、何でもやらせてくれますが「形だけの仕事をしていてはダメだよ」と研究者としてのあるべき姿勢を常に訴えていました。

研究所には2年半程しかいなかったのですが、わたしが日本に帰国した後も、クックは連絡をくれました。

1970年代に入ってから、クックが夫人を連れて、二人で日本に来たときには「原子力に関心があるので、東海村（臨界事故を起こしたＪＯＣのある茨城県那珂郡東海村）へ行きたい」と言うので、東京電力のお世話で東海村まで連れて行ったりしました。退社した後も、研究者としての意識を持ち続けている人でした。

研究所では、多くの人の協力を得て、仕事をしていました。

例えば、研究でデータや資料が必要になると、助手たちが協力して、資料を持ってきたり、外部にデータを発注したり、いろいろと手伝ってくれました。

助手たちは、本社近くに住んでいるローカルな人たちで、大学を出ているわけではないのですが、研究のために非常に大きな役割を果たしていました。

研究を進めるためには欠かせない存在なので、日頃から、彼らとうんと親しくしておかないと、いざという時に困ってしまいます。それで、わたしが彼らと親しくなるために努力して習得したのが〝方言〟です。

日本各地に方言があるように、オクラホマには〝オクラホマ弁〟があるわけです。

米国オクラホマ州バートルズヴィルにあったフィリップスの本社

ですから、彼らが聞き慣れているオクラホマ弁をある程度話せないと、彼らは、わたしに〝カベ〟を感じて、安心感を持てない。

日本でも、方言を話すことで地域に受け入れられることがありますが、それと同じですね。

ニューヨーク出身の人がオクラホマに来て「言っていることがわからない」と言うこともありました。同じ英語でも、それくらい方言があるので、わたしもそれを覚えて使うようにしていました。

すると、ローカルの助手の人たちと仲良くなれて、お互いの仕事の悩みを言い合ったりする仲になりました。もちろん、そのおかげで仕事も順調に進めることができました。

伊藤若冲を世界に広めたバートルズヴィルのジョー・プライス

オクラホマのバートルズヴィルには、フィリップスの他に、H・C・プライス社というパイプラインの建造会社がありました。

この会社は、石油と石油ガスのパイプラインを埋設する会社で、フィリップスのアメリカのパイプラインを一手に引き受けている会社でした。

プライス社の本社は小さな建物でしたが、帝国ホテルの設計で有名なフランク・ロイド・ライトが設計したものでした。

ユニークな建物で、建築史的にも重要な意味を持つため、日本からも多くの建築家がプライス社の本社を見にバートルズヴィルを訪れています。

例えば、幕張メッセや京都国立近代美術館などを設計した槇文彦先生なども見に行かれたそうです。

プライス社はプライス家がオーナーの企業で、長男と次男のジョー・プライスが事業を継ぎました。この次男のジョー・プライスは、実は日本でよく知られた存在です。本社の建築だけではなく、バートルズヴィルにある自宅もフランク・ロイド・ライトに任せるなど、美術や芸術に造詣の深い人物でした。

ジョー・プライスは、ある時、ニューヨークの美術商で、伊藤若冲の葡萄の絵の掛け軸を見て、大変気に入り、すぐに購入したそうです。

それを機に、若冲の大ファンになったジョー・プライスは、それから何度も日本に来て、若冲の作品を買い集めていきました。

来日を続ける中で、ジョー・プライスは日本人女性と恋に落ち、結婚しました。そして、夫婦で若冲を始めとするコレクションを作っていきました。

最初はオクラホマに美術品を保存していたようですが、その後、作品をすべてカリフォルニアに移して、美術館を作って展示しています。

日本でも今、若冲は大変な人気ですが、美術展でよく耳にする「プライスコレクション」というのは、このジョー・プライスのコレクションなのです。

8万6千個のマス目に色を付けて象などの動物を描いた大作「鳥獣花木図屏風」もプライスコレクションの一つです。

麻布狸穴町の東京アメリカンクラブの近くにある美術商が若冲作品をかなり持っていたようで、そこで購入したり、京都からも、作品を買い集めたようです。

プライスが若冲を収集していた頃は、まだ若冲がそれほど評価されていない時期だったので、優れた美術品を見抜く慧眼があったといえます。

バートルズヴィルに本社を置く企業仲間として、東京オリンピックの時には、フィリップス本社の社長とジョー・プライスが一緒に日本を訪れたこともありました。

そういう意味では、小さな町でしたが、バートルズヴィルという町は、ユニークな人が登場するところでもありました。

とはいえ、何もないところだったので、遊びといっても週末のゴルフ程度しかありません。おかげで、日中だけでなく、夜も会社に行って試験結果を確認するなど、研究には集中できました。

ただ、研究員生活が2年を過ぎたあたりから「果たして、この生活をずっと続けて良いものか」と考えるようになりました。

日本が恋しくなってきたこともあり、クックのところへ行き「違うことに挑戦したい」と思いを伝えました。すると、彼もひと言「わかった」と承諾し、日本への帰国が決まりました。

時は、東京オリンピックが開催される直前、１９６４年（昭和39年）春のことでした。当時のフィリップス日本法人代表は、わたしのフィリップス入社のきっかけを作ったラテキンから、ボブ・ウォーレスに代わっていました。ですので、日本に帰国すると、まずウォーレスに会いに行きました。

研究所での研究内容、日本法人にやって来た経緯などを話し、フィリップス日本法人の仕事で関心のある分野を伝えました。

すると、ウォーレスは「じゃあ、何を目指してやりたいの」と質問してきました。わたしはすかさず「あなたの、そのポジションになりたい」と言いました（笑）。

当時、わたしは20代半ば、ウォーレスは30代後半だったと思います。わたしの答えを聞いたウォーレスは、ひと言「そうか」と言ってうなずきました。

昭和電工在籍時代

日本法人に来た直後、昭和電工に移籍

わたしが日本法人にやってきた頃、フィリップスは、昭和電工と合弁会社を設立する計画を進めていました。そこで、合弁を成功させるためにも、ウォーレスはわたしに「フィリップスの事務所にいても仕方がないから、昭和電工サイドの企画に携わって内容を把握したほうがいいだろう」と、昭和電工で仕事をするように言われました。

そして、昭和電工で企画を担当していた奥島邦雄さんに、ウォーレスの意向を伝えたところ「それなら、ぜひ昭和電工に入社して企画部で仕事をすればいい」と言ってくれました。ですから、一度、フィリップスを辞めて、昭和電工の社員になっていた時期があるのです。

わたしが日本に戻ってすぐの話で、昭和電工の社長は安西正夫さん、鈴木治雄さんが副社長をされていた頃の話でした。

安西さんのところへは、昭和電工に入社して間もなく、ウォーレスと一緒に挨拶にあがりました。

のちに昭和電工の会長・社長を務めた大橋光夫さんは、わたしと同じ企画部にいました。企画部にはその他、安西正夫さんのご子息の孝之さん、木川田一隆さんのご子息の紀夫さんもおられました。

そして、いよいよ最初の合弁会社が動き出すということになり、1964年（昭和39年）11月に設立した会社が「エー・エー・ケミカル」でした。取締役社長には、昭和電工の鈴木さんが就任しました。

エー・エー・ケミカルが事務所を構えたのは千代田区内幸町の飯野ビルで、わたしもそのオフィスに移って仕事をすることになりました。

昭和電工からは森田岩夫さんと奥島さん、フィリップスからはウォーレスがエー・エー・ケミカルの役員に入り、そこを本陣として事業が始まりました。

最初に手掛けたのは、フィリップスの技術を導入したカーボンブラックの生産でした。

昭和電工の千葉事業所で生産することになったので、ウォーレスに「敬も、カーボンブラックについてきちんと知っておくべきだから、工場に行ってこい」と言われ、1カ月程、毎日2時間近くかけて、車で昭和電工の千葉事業所に通っていました。

カーボンブラックは、まず油を燃やして不完全燃焼させて煤を作り、それをバックフィルターというグラスファイバーで織った袋に通し、ガスだけ逃がして煤を集めて作ります。

バックフィルターが週に数回切れるので、フィルターが切れた後は周辺が煤だらけになります。ですから、工場に1日いると、顔だけでなく、耳の穴から鼻の穴まで真っ黒になっていました（笑）。

当時の千葉事業所の工場長だった八田三郎さんには、とても親切にしていただきました。ある意味、外部から来たわたしの居場所をつくろうと、昼休みになると「キャッチボールをしよう」と誘ってくれました。

ですから、朝、千葉に行って、お昼になるとキャッチボールをするなど、非常に楽しい時間を過ごさせていただきました（笑）。

1974年（昭和49年）10月、エー・エー・ケミカルはフィリップスとの合弁を解消し、1978年（昭和53年）からは米キャボット社と昭和電工の合弁会社「昭和キャボット」がカーボンブラック事業を継承しましたが、「ショウブラック」という商品名のカーボンブラックは数多くのタイヤメーカーに販売されました。

カーボンブラックをタイヤに混ぜると、ゴムの強度が高まり、ゴムの劣化も防ぐので、タイヤの製造になくてはならない原料です。タイヤの色が黒いのも、カーボンブラックが入っているからなのです。

カーボンブラックの次に資本参加をしたのは、川崎区千鳥町にある昭和電工傘下の「昭和油化」の川崎工場のポリエチレン製造設備のプロジェクトでした。

１９５９年（昭和34年）、昭和油化はフィリップスからの技術導入で高密度ポリエチレン製造設備をすでに始めていました。

その後、ポリプロピレンなど製造設備を拡充させ、１９６３年（昭和38年）５月、昭和油化と鋼管化学工業が合併し「日本オレフィン化学」になりました。

わたしが事業に携わった１９６４年（昭和39年）以降になると、再編が相次ぎ、１９６５年（昭和40年）７月、日本オレフィン化学の営業・研究部門が昭和電工に移管されました。

エー・エー・ケミカル時代。写真一番左が昭和電工の奥島氏、写真左から3人目がフィリップスのLNG担当のホーン氏、そして写真一番右が直属の上司、ボブ・ウォーレス氏

フィリップスのダウス社長（写真左から3人目）と共に大分を訪問。一番左が小坂敬、左から4人目は昭和電工社長（当時）の岸本泰延氏

フィリップスに戻ってから事業もさらに広がりを見せ……

日本におけるフィリップスの活動もより幅広くなり、エー・エー・ケミカルを中心とした活動から広がりを見せてきました。事務所も１９６８年（昭和43年）に新しく丸の内の新東京ビルに開設し、ウォーレスと一緒にわたしも飯野ビルから移り、同時にフィリップスの日本法人フィリップス・ペトローリアム・インターナショナル・リミテッド（現・コノコ・フィリップス・ジャパン株式会社）に移籍しました。そして、ここからは、わたしはフィリップスの社員として合弁会社に関わることになりました。

その後、日本オレフィン化学は、昭和電工から高密度ポリエチレンなどの販売業務を引き継ぎ、１９７２年（昭和47年）８月、社名を「昭和油化」に改称しました。「昭和油化」時代には株主代表制度を決め、昭和電工とフィリップスの株主代表が定期的に会合を持ち、重要事項を決定する仕組みを作りました。わたしはフィリップスが関わっていた最後の時期のフィリップスの株主代表でした。

60年代から70年代の日本は高度経済成長期で、日本の石油化学産業の拡大期でもありました。新事業開発に向け、合併、再編、統合が活発に起きていました。

そうした中、1966年（昭和41年）年3月、昭和電工、日本オレフィン化学、エー・エー・ケミカル、八幡化学工業、九州石油の5社で、通商産業省に「大分石油化学計画書」を提出しました。大分コンビナート建設の話が出てきたわけです。

1967年（昭和42年）5月には昭和電工が70％出資し、八幡化学工業、八幡製鉄、九州石油の4社で、大分でのエチレン生産に向けて「鶴崎油化」を設立しました。

わたしも大分コンビナート建設に向け、工場用地を埋め立てたばかりで何もない、大分県の鶴崎に何度も行きました。

当時、工場用地となる埋め立て地には、新日鉄と九州電力の火力設備があるだけで、更地の上を砂嵐が舞っていました。

この何もない更地から、戦後、大分の重化学工業が発展を遂げていくのです。

1972年（昭和47年）8月には旭化成が筆頭株主となって、昭和電工、エー・エー・ケミカルの3社で「日本エラストマー」を設立。フィリップスのソルプレン（Solprene）という技術を導入した合成ゴム事業を大分で開始するなど、事業はさらに拡大していきました。

ところが、1973年（昭和48年）の第一次オイルショックで状況が一変します。

株券をカバンに詰めて飛行機に乗って……

１９６９年（昭和44年）1月、昭和電工は大分工場を稼働させ、70年代に入ると大分コンビナートの倍増計画を立てました。

当時、大分コンビナートの倍増計画は「通産省が認可する最後のコンビナート増設プロジェクトになる」と言われており、昭和電工は社運をかけて、プロジェクトに取り組んでいました。

コンビナートが増設されれば、石油化学産業の競争環境が変わるため、業界からは反対の声も上がりました。こうした抵抗に対し、昭和電工の鈴木治雄さんは「今やらないと永遠にできない。何が何でもやる」と宣言。実現に向けて奔走しました。時には、アメリカまで飛んで、当時のフィリップス会長のマーティンとニューヨークで話をまとめていました。

大分の事業も拡大し、大分コンビナートの増設プロジェクトも軌道に乗っていたところで起きたのが、１９７３年（昭和48年）の第一次オイルショックでした。

昭和電工は増設を見込んで土地の確保など、準備を進めてきましたから「どうしてもプロジェクトを進めたい」との思いがありました。

ところが、フィリップスとしては、オイルショックで会社の総力を油田開発につぎ込む必要があり、「ダウンストリームの石油化学事業に新たなお金をつぎ込むことができない」ということになってしまった。そして「なんとか事情をご理解下さい」ということになってしまったのです。

では、その後、どうするか――。

昭和電工が社運をかけて進めている事業をフィリップスが妨げてはいけない、束縛するのも良くない、との考えで、フィリップスはプロジェクトのメンバーから降りました。そこで「フィリップスが持っている株式をすべて売り戻します」ということで話しが付きました。

つまり、昭和電工単独出資のプロジェクトとして、大分コンビナートの増設が進められることになったのです。

フィリップスはエー・エー・ケミカル以外にも、昭和電工や昭和油化などとの合弁会社の株式をかなり持っていました。それをすべて1974年（昭和49年）10月、売却することになったのです。

そこで、わたしにある任務が託されました。株式をボストンバックに詰め込んで、日本からアメリカまで、飛行機で運ぶ役目を任されたのです。

かなりの株数でしたが、カバンが分散すると管理が大変なので、大型のボストンバック一つに収めました。重さは10キロ近くありました。

一人では危険なので、本社のアメリカ人で財務を担当していたチャック・フライリという人物と二人で運ぶことになりました。

カバンが無くなったら大変なので、ボストンバックは機内持ち込みにして、絶対に目を離さないようにしていました。収納ボックスにも入れず、足元に置いて、トイレも交代で行き、どちらかが必ずバッグを見張る。セキュリティー上でも、最低二人は必要だったわけですが、いま考えると、逆に、よく二人だけで任務を遂行させたなと思います（笑）。

当日は、羽田から飛行機に乗り、サンフランシスコを経由して、ネバダ州北西部の商業都市のリノに向かいました。

サンフランシスコに降りると、税関で「これは何だ？」と聞かれたので「株券だ」と答えたところ、税関職員の女性は腰を抜かしていました。株券の対応方法などマニュアルには書いていないので、どうすればいいかわからず、戸惑っていたようです。ただ、フィリップス本社の財務経理の担当者から事前に「こういう経緯で、この日、東京から株式を運ぶ者がくるので、よろしく」という連絡が入っていたので「連絡はしてあるので、上の方に確認してください」と伝えたところ、すぐに確認が取れて「通してよし」ということになりました。

株式のリストを提出するなど事前の連絡が功を奏して、株券の照らし合わせ作業などもなく、スムーズに通ることができました。時間にして30分程度のやりとりでした。その後、リノのホテルに着くと、安全な金庫にカバンを預けて、その翌日、取引きを行いました。

昭和電工からは、東京から六人の担当者が来ていました。ホテルの一室で書類を交わし、株の譲り渡しが終了しました。

めでたし、めでたし、ということですが、今度は昭和電工が大変です。どのように日本に持って行かれたかは聞いていませんが、株式を持って帰らなければいけないわけですから(笑)。

リノは、ラスベガス同様カジノがたくさんある町ですが、ラスベガスほど大きくなく、田舎の雰囲気も残っていたので「西部のギャンブルの町に来たな」という感じがしました。

しかし、何故、わざわざリノで取引きをしたのかというと、州税が低かったからです。総額が大きいので、税金が高いと相当な金額のロスになります。アメリカは州によって税制が異なりますが、ネバダ州はこうした取引きへの課税率が他の州に比べて低かった。同じ取引きをニューヨークでしたら、大変なことになるので、フィリップスの財務担当者が最も課税が低いところを探して、リノを指定したわけです。

通常の出張はエコノミークラスですが、その時は、ファーストクラスで行きました。アメリカの企業の面白いところだと思いますが、フィリップスは業績が悪いとき、会長や社長も含めて、すべての社員がエコノミーで移動していました。

取引先が空港で出迎えようと、ファーストクラスの出口で待っていたら、エコノミーの出口から重役が出てきたので驚いていることもありましたが（笑）、当事者にしてみると「業績が悪いのだから仕方がない」と、ケロッとやってしまいます。逆に「経営陣は、ここまでやっているんだ」といばっている感じです（笑）。

面子にこだわるより、事態に適した行動を取っているかが重要と考える。この考え方は、合理的なアメリカならではかもしれません。

ですから、リーマンショックで資金繰りが悪化した米自動車ビッグスリーのＣＥＯが、公的資金の注入を要請しようと、ワシントンでの公聴会に出席した際、三人のＣＥＯが自家用ジェットで登場したことは国民の非難を浴びました。

当然のことですが、何かを要望するのであれば、まず自らが身を切ったうえで、理解を得ることが大事ということですね。

結婚式の仲介役は昭和電工社長を務めた鈴木治雄氏

オイルショックで状況が一変した頃、昭和電工の社長を務めていたのが鈴木治雄さんでした。ですから、大分コンビナートの増設では大変ご苦労されたことと思います。

鈴木さんと最初にお会いしたのは、フィリップス本社の首脳陣が来日した時でした。フィリップスのトップが取引先の日本企業の首脳と会うとき、わたしは通訳の仕事を兼ねて、必ず同席していたのです。ですから、鈴木さんとの会合にも、何度も同席させていただきました。

共同プロジェクトで、一時、昭和電工に入社していたこともあるので、鈴木さんからは自社の社員として、また父と鈴木さんが懇意にしていたこともあり、晩年、ゴルフ場などでお会いしたときも非常に良くしていただきました。

わたしが結婚したのは１９６６年（昭和41年）ですが、昭和電工在籍時だったこともあり、当時副社長だった鈴木さんに御仲人をお願いするため、妻と一緒に鈴木家にお伺いしたこともありました。

妻とは、フィリップス米国本社から日本支社勤務となり、日本に帰国した頃、友人の仲介で知り合いました。

当時、ファースト・ナショナル・シティバンク（FNCB、現・シティバンク）に勤めていたスウェーデン系アメリカ人の友人がいて、スキーに行ったり、海に行ったり、よく一緒に遊んでいました。その彼のガールフレンドが横浜に住んでいて、彼女の友だち数名が集まるので、一緒に来ないかと誘われました。それで、横浜へ行ったところ、その中の一人に家内がいたのです。

家内は、横浜の桜木町の近くにある亀田病院という病院の娘で、何度か一緒に遊んでいるうちに結婚することになりました。生粋の横浜っ子で、学校もフェリス女学校とハイカラな一面があったことも気が合った要因だと思います。

結婚式は、小坂家と縁の深いホテルオークラ東京で挙げました。

式典では、当時の昭和電工社長の安西正夫さんから主賓の祝辞をいただき、父の友人も、たくさんお祝いに来てくださいました。

第百生命（現・マニュライフ生命保険）の川崎大次郎さんや経済同友会発足の一翼を担った今里広記さん、財界研究所創業者の三鬼陽之助さんも来てくださいました。

父が経営を始めたフェヤーモントホテルの関係で、歌手の淡谷のり子さんもご出席くださるなど、総勢500名近い方々に祝福していただきました。

鈴木さんからは大先輩として、いろんなご教示を賜りました。糸子ご夫人からも、結婚にあたってのアドバイスをいただくなど、夫婦ともども本当にお世話になりました。

アラスカ産LNG輸出で見せた東京電力・木川田一隆氏の経営力

昭和電工には、1964年（昭和39年）から籍を置いていました。在籍したのは短い期間でしたが、フィリップスに戻ってからも昭和電工関連の仕事をかなり手掛けていました。そして、昭和電工との合弁を解消した後は、フィリップス日本法人の仕事に専念することになりました。

合弁事業の仕事が終わり、まず取り組んだのは、フィリップスの技術を外部にライセンス提供する〝ライセンシング〟という仕事でしたが、徐々に仕事の範囲が広がり、LPG（液化石油ガス）など燃料関係の事業にも携わるようになっていきました。

1969年（昭和44年）は、日本へのLNG（液化天然ガス）供給が始まり、それに至る準備に全面的に関わることができました。この事業は日本で初めてのLNGプロジェクトであり、これからの日本のエネルギーとして脚光を浴びていました。

フィリップスは米マラソンオイルと共同で、アラスカのクック湾のケナイ半島から横浜の根岸港まで、特殊タンカーで東京ガスと東京電力にLNGを供給するプロジェクトを手掛けていました。

特殊タンカーは世界で初めて試みられた〝メンブレン・デザイン〟でした。まずベニア板を使って箱を作り、それに薄い特殊金属でメンブレンを張り、それを二重に重ねて作る構造でした。

この船を造ったのは、スウェーデンの航空・軍需品メーカーのSAABグループの造船メーカー、コックムス社でした。高い技術力を持った造船会社ですが、特殊金属なので溶接が難しく、予定通りの工程がむずかしくなっていました。

そのため、東京電力の技術陣は「南横浜火力発電所をLNG専焼のデザインにするのはリスクが大きいので、他の燃料も燃やせる〝混焼〟仕様にしよう」と発電所の仕様の変更を提案しました。

ところが、東京電力トップの木川田一隆さんは「それは絶対にいけない。南横浜の火力はLNG専焼である。それ以外のことは考えてはいけない」とおっしゃった。つまり、混焼を提案するということは、プロジェクトのスタートが遅れることを前提にしている。それは良くない、納得できないということです。

だからこそ、専焼でなければならないと宣言して、絶対に納期を間に合わせるように仕向けたわけです。そして、略計画通り、1969年（昭和44年）11月、アラスカからのLNG船が根岸港に初入港しました。

このときの木川田さんの対応からは、巨大組織を動かす経営者の力量と統率力を目の当たりにしました。

もっとも木川田さんとしては「頑張ればできるはずだ」という思いが根底にあったのだと思います。つまり、それだけ社員を信用していたわけです。

社員としては、安全パイの混焼になればホッとする。でも、ホッとしたら、遅れても仕方がないという考えも出てきます。木川田さんは、そうした人間心理をよく理解した上で、行動し、言葉を発しておられました。

このLNG計画は、日本の経済界全般が高い関心を寄せ、アラスカの現地を視察したいというお申し出が数多くありました。

当時、東京ガスの会長だった安西浩さんと、弟で昭和電工に勤めておられた正夫さんご兄弟も視察に来られ、アラスカ州西部のノームなど、少し辺鄙なところまで、フィリップスのカンパニージェットで視察に向かいました。

エスキモーと会った浩さんは、親近感を覚えたようで「これはもう日本人だ」と言ったりしていました（笑）。これも楽しい思い出です。

第四代経団連会長を務められた土光敏夫さんを団長とする経団連のご一行をアラスカ州の首都アンカレッジにお招きしたこともありました。当時、日本の財界は原油開発に力を入れていたからです。

アラスカではフィリップスはガス以外にも油田開発をしていたので、アラスカ北部のノース・スロープの原油にも関係していました。

また、２０００年代に入ってからフィリップスの社長を務めたマルバという人物はすごい経営判断をする人で、ＢＰが所有していた権利を一気に購入したことがありました。それも、マルバが一人でロンドンのＢＰの会長のところに乗り込んで、その場で話を決めてきた。それが大成功していました。

話しが戻りますが、ＬＮＧでお世話になった木川田さんには、色々お気遣いをしていただき、わたしがフィリップスを辞めるときにもお呼びがかかり「なんで辞めるんだ」と問い詰められました（笑）。

それで、わたしは当時の事情を説明し「フィリップスの東京支社長を10年務め、一つの区切りを考えたい」という思いを伝えました。

同じ環境で長く勤めることで、仕事の仕方がマンネリ化してきたり、新しい発想が浮かんでこなくなることも考えられます。そうなれば、次の世代も育たなくなってしまう危険もあります。また、自分自身としても、新天地で新たな活力を得て仕事をしていきたいとの思いもありました。

そうした思いを率直にお伝えしたところ、木川田さんは「そうか」と言って、最後は新たなチャレンジを応援して下さいました。

日本企業との合弁や取引き

ブリヂストンとの間で起きたある事件

昭和電工以外にも、様々な日本企業と仕事をさせていただきました。

海外産ＬＰＧの元売りとして１９６０年（昭和35年）に発足した「ブリヂストン液化ガス」は、国内の主要ＬＰＧ供給会社でした。

当時、フィリップスとカルテックス（現・シェブロン）、そしてカルテックスの提携相手の日本石油で、サウジアラビア産ＬＰＧを輸入しようという話がありました。

そのため、カルテックスと日本石油の間には「日本における石油の輸入はすべて日本石油が手掛ける」という基本契約がありました。

ところが、フィリップスは、日本石油がカルテックスと契約する前に、カルテックスとサウジアラビアのＬＰＧについて、フィリップスが販売権を保有する契約を結んでいました。

そこで、フィリップスのLPGのマネージャーが「この契約を活かして、日本にLPGを売ることを考えよう」と提案し、売り先としてブリヂストンが一つの候補となりました。

この話が登場したのは、1973年(昭和48年)のちょうど夏が終わる頃で、当時、第一次オイルショックが起こり「冬場の燃料が足りなくなる」という予想が出ていました。ブリヂストンは供給責任者として輸入先を探していたので、互いのニーズがピタリと合った。そこでフィリップスは、ブリヂストンに冬の間8万トンのLPGを供給する契約を締結。この契約については、カルテックスの容認も得ていました。

そして、第一便の船が日本に向けて出発したのですが、このタイミングで、日本石油がこの動きに気付きました。「日本に輸入する石油は、うちが一手に引き受けているはずだ」と、日本石油がカルテックスに猛烈な抗議をしてきたのです。

カルテックスも、日本石油が独占的に輸入できる権利を与えていたので「申し訳ないが、ブリヂストンとの契約は、もう中断せざるを得ない」という話になってしまいました。

しかし、フィリップスとしても「こちらもブリヂストンと契約をしているので、契約責任がある」ということです。

どうにかして、この問題を解決しようと、フィリップスとカルテックス、両社の会長にまで話を上げて「何とかなりませんか」と相談したのですが、最後は「無理だろう」という結論に至ってしまった。とはいえ、ブリヂストン液化ガスへの供給責任が果たせなくなることは、何としても避けなければならない。

フィリップスの会長にも話を挙げていたので、社内からいろいろな情報が入り、偶然、ヒューストンに使われていないLPGタンクがあることが判明しました。そして「ヒューストンからLPGを出荷すれば何とかなるかもしれない」ということになり、急遽、そのタンクを整備して使えるようにして、日本へLPGを出荷することになりました。

ただ、問題はまだ解決しませんでした。次に浮上したのが、船の問題です。ヒューストンから輸送するので、パナマ運河を通らなければならないのですが、パナマ運河経由だと、普段、太平洋経由で使っているLPG船は大き過ぎて通れません。そんな時、わたしが懇意にしていた元日本石油で、自らオーシャン・チャータリングという会社を経営していた青木真次さんが思い浮かびました。

彼に相談したところ、いろいろと面倒を見てくれて、北大西洋のバミューダ島にあるムンドガスという船会社を紹介してくれました。その会社は、ヨーロッパの沿岸を運行するＬＰＧ船を複数台持っていたので、パナマ運河も通れる船があったのです。そして、その船をアレンジして、何とか日本にＬＰＧを輸出することができました。

当初契約した８万トンとまではいかなかったものの、６万トンは日本に届けることができました。

ただ、急な対応が必要になった分、コストが高くなってしまったため、ブリヂストンには申し訳なかったのですが、少し高い値段で買って欲しいとお願いしました。

ブリヂストンもモノが手に入らなくなることのほうが一大事なので、仕方がないということで理解を得ることができました。

カルテックスとは、その他にも様々なビジネスを共に手掛けていたので、違約金などの請求はしませんでした。

アメリカの企業というと、すぐに訴訟するというイメージがありますが、問題を総合的に判断して結論を出すところも、合理主義のアメリカ企業の面白いところです。

関係者が複数いたので話をまとめるのに難儀しましたが、無事、決着を付けることができて本当に良かったと思っています。苦労した分、勉強にもなりましたし、フィリップス時代の思い出深い仕事となりました。

石油関連の仕事は、人間関係が非常に重視されるので、そうした側面も影響していたのかもしれません。

当時はインターネットもない時代ですから、簡単にコミュニケーションを取ることもできません。やりとりはすべて電話が中心なので、基本的な信頼関係がなければ成り立たないビジネスでした。つまり「この人は、信用できるかどうか」ということが重要な世界なのです。ですから「契約書は後で作るのだから、先に話を進めよう」と言って、モノが先に動いてしまう世界でした（笑）。

ＬＰＧの話をまとめるときも、ブリヂストンの鶴田さんと日中は会社でずっとやりとりをして、夕方になると東京會舘のバーで対応策を練っていました。その後は銀座に来て、『割烹中嶋』で日本酒を飲む。これを毎晩やっていました（笑）。

話をまとめなければならないという責務があったので、楽しいだけのお酒ではなかったですが、それも含めて、良い思い出です。こう言えるのも、話がまとまったからこそですが……。

石油の仕事は総じて、人間関係あってのビジネスで、信頼関係がなければ成り立たない世界でした。今もこの文化が残っているかわかりませんが、かつての石油ビジネスは、人ありきで進んでいきました。

例えば、ニューヨークにいたフィリップスの社員で、石油トレーダーをやっていたフランク・ペイジという人物は、業界でも〝お父さん〟的存在として一目置かれていました。石油トレーダーの間で「フランク・ペイジがこう言っていたよ」など話が人づてに広がって、その後、その話が現実になる、ということが度々起きていました。

わたしがフィリップスを退社するときにも、わたしが務めていた日本法人社長をどうするか、後任者問題が浮上しました。

当初、アメリカ本社の意向は、後任にはアメリカ人を据えるとのことでした。しかし、わたしはその案に反対しました。なぜなら、ＬＮＧの仕事は、やはり人間関係が最重要だからです。

買い手である日本企業と円滑に話を進めるためには「後任は日本人でなければならない」と本社に進言。飯嶌昌男を推薦し、わたしの案が採用されました。日本におけるフィリップスのＬＮＧの仕事は飯嶌さんが会社を辞めるまでそれを究めてこられました。業界からもＬＮＧについては一目置かれている方です。

ブリヂストンとの関係も〝事件〟を経て、より深いものとなり、その後、別の合弁会社の設立にもつながりました。

全漁連や大洋漁業との取引き、東レとの合弁設立

石油のトレーディングの仕事では、マリンディーゼルという船舶用のディーゼルオイルを販売していました。

この取引きは、かなり規模の大きな事業でした。

１９７４年（昭和49年）頃のことですが、台湾の中国石油から全漁連（全国漁業協同組合連合会）に、免税A重油を販売する仕事をしていました。

全漁連は当時、ソ連のナホトカ産の重油に頼っていたため、台湾で余っていた重油を新たな仕入れ先として加えていただきました。中国石油、全漁連、双方のニーズが合致して、大変喜ばれた案件でした。

また同じ頃、大洋漁業（現・マルハニチロ）に「テソロ石油」というアメリカのテキサス州に本社を置く独立系石油会社のアラスカ産重油を、大東通商を通じて買っていただくプロジェクトがありました。アラスカの都市アンカレッジには出荷ターミナルが

なかったため、クック湾のケナイ半島にあるＬＮＧターミナルを利用して、そこから太平洋で漁をしている大洋漁業の船団に重油を出荷していました。

大洋漁業は当時、北大西洋に複数の小型船を束ねたサケマス船団を持っていました。その小型船に給油を行う船は海上補給ができるタンカーで、ケナイから北太平洋をタンカーが往復することで、船団は長期間漁が可能になりました。

ケナイ半島周辺は、干潮と満潮の差が激しいため、技術的な問題も多々ありましたが、それもうまく乗り越え、プロジェクトを成功させることができました。

フィリップス時代は、本当に多くの日本企業の方々と仕事をさせていただきました。80年代半ばには、エンジニアリングプラスチックを製造販売する合弁会社「東レ・フィリップスペトローリアム」の設立準備にも携わりました。

合弁設立前、ポリフェニレンサルファイド（Polyphenylenesulfide：ＰＰＳ）という物質の研究をするため、一緒に仕事をした小林弘明さんは、その後、東レの副社長や技術センター所長を務めました。小林さんとは今でも親しくしており、いくつかの東レの研究所を案内していただいたのも、楽しい思い出です。

フィリップスの人材育成

サラリーマンでも資金繰りまで真剣に考えたプロジェクト

１９７０年代前半には、わたしがライセンシーを担当して、台湾に合成ゴムのプラントを造るプロジェクトがありました。

プロジェクトを実行に移すためには、まず、本社に話を挙げて、Operating committee という運営委員会で承認を得なければなりません。

台湾の合成ゴムプラント建設はわたしが発案したプロジェクトだったので、わたしは初めてOperating committee でプレゼンテーションする機会に恵まれました。

そこで承認を得るための作業を経験したのですが、これが大変勉強になりました。アメリカの会社で、決済がどんな形で進められるのかを知ることができたからです。

当時、わたしは30代後半でしたが、責任者としてプロジェクトを率いていました。Operating committee に向けて、2～3日前からオクラホマの本社に行き、会社の主要部門をすべてまわりました。

例えば、財務部長のところへ行って、お金のことについて説明したり、逆に、根掘り葉掘り、疑問点を質問していくと、担当者が「こういうところが問題になることが多いよ」などと、様々な角度からヒントを出してくれるのです。そして、今度は、リーガルへ行き、法務部の視点から「ここの部分は駄目だよ」といったアドバイスを受けて、プレゼンテーションの前日まで、内容を微調整していきました。

自分だけで考えず、多くの専門家の意見を聞き、最善の策を練っていくことの重要性を実感しました。

それから、アメリカの会社でプロジェクトを審査する際に、重要視されるのがannual average rate of return（aarr）という数字です。

例えば、15年単位のプロジェクトがあるとしたら、15年間のキャッシュフローを計算します。つまり〝年間の平均回収率〟を計算するわけです。

ところが、プレゼン前日になって、元の数字が「違うみたいだよ」と指摘される事態が起きました。当然、ａａｒｒの再計算が必要となり、ホテルで徹夜して数字を直していきました。今なら、パソコンやスマートフォンで簡単に計算できますが、当時は複利計算できる電卓もなかったので、計算尺で計算しました（笑）。まだまだアナログの時代だったのです。

大変な経験でしたが、その分、大変良い勉強になりました。サラリーマンですが、プロジェクトの責任者として資金繰りまで真剣に考えることができたからです。

そのときの経験からも、プロジェクトは若手に任せるべきだと思っています。「若い人は経験がないからダメだ」と言って、抑え込むのではなく、チャレンジできる経験の場をどんどん与えていく。多少の失敗は認めて、まず任せて、やらせることが大切なのだと実感しました。

台湾のLPG事業を任されて

台湾では、国営の中国石油（現・台湾中油、Chinese Petroleum Corporation、CPC）との仕事も経験しました。当時の中国石油はリファイナリー（石油精製）が中心で、事業の広がりがなかったため「フィリップスが絡んで、もっといろんなビジネスを展開すべきだ」ということになり、LPGのプロジェクトが始まったのです。

そこで、中国石油から「一度、高雄の現場を見にきてくれ」と言われ、二つ返事で台湾に飛びました。

ところが、当時のわたしは、ＬＰＧ設備の設計に関してはまったくの素人でした。設計の専門家ではないものの、ＬＰＧビジネスの知識はあったので「大型ＬＰＧ船と陸上タンクとの関係」や「大型のＬＰＧ船が寄港できるように港をどう整備すればよいか」といった構想スケッチを描いたら、中国石油側は、本当にその通りに作業を進めてしまった（笑）。

すでにＬＰＧの調達が始まっていたので、いろいろ苦労もしましたが、中国石油の皆さんと良好な関係を築けたおかげで、結果はうまくいきました。

当時、一番お世話になったのが、台湾の中国石油の副社長のエム・エル・チャンという人物で、彼のおかげで非常に楽しく、面白い事業をさせていただきました。もう亡くなられましたが、もともと大陸の生まれで、国民党と一緒に台湾にやってきた人でした。文化人で、非常に気位が高いジェントルマンで、一緒にいてとても楽しく、刺激的な人物でした。

日本では、シャープが台湾の鴻海精密工業（ホンハイ）の傘下に入りましたが、これを機に、また新たな可能性が生まれてくると思います。台湾企業は世界に広がるチャイニーズコネクションに加えて、アップルやインド企業などとのパイプも強いので、販路が大きく拡大する可能性があるからです。

ホンハイ社長のテリー・ゴウ氏を見ても、華僑の力というのは本当に強いと思います。相手の懐に入っていく強かさも、華僑の強みなのかもしれません。

日本人も世界で戦っていくためには、そうした逞しさを身に付け、世界のライバルの存在を念頭に置いて行動していかなければいけないと思います。

仕事とはお客様からの〝預かりもの〟

フィリップスでは、非常に恵まれた環境で仕事をさせていただいてきました。

そして、色々な経験をするうちに、仕事というものは〝預かっているもの〟だと思うようになりました。

フィリップスの仕事も「フィリップスのため」というよりも、「取引先のお客様がやりたいことを可能にする」ために「信頼を得て、その任務をお預かりする」――。それが仕事なのではないかと考えるようになりました。

自分のものではなく〝預かりもの〟ですから、粗末にしてはいけない。大切にしなければいけないものです。

長い間、仕事をしてきましたが、年を重ねるごとに、その思いは強くなっています。アメリカ人がわたしと同じような思いで仕事をしているとは思いませんが、フィリップスの仲間とは価値観を共有できることが多いと思います。その意味では、フィリップスというのは独特な会社だと思います。

アメリカの中でも、オクラホマという非常に辺鄙なところで生まれた会社ということも、社風に影響を与えているのかもしれません。

創立者のフランク・フィリップスはもともと金融業を営んでいた人物で、金融マンとして、アメリカ・インディアンの居留地であるオクラホマにやってきました。

オクラホマには、非常に多くのアメリカ・インディアンが住んでいました。その理由は、オクラホマの大地が農業に適さないやせた土地だったからです。

白人が肥沃な土地を抑えてしまい、アメリカ・インディアンは農業が困難な土地に追いやられ、放牧をして生計を立てていたのです。そのアメリカ・インディアンを相手に金融業を行っていたのが、フィリップスでした。

そうこうするうちにオクラホマで石油が採掘され、その石油を担保にアメリカ・インディアンへの融資が増えていきました。そして、担保にしていた石油の権利がだんだんと自分のモノになり、石油会社を設立することになったわけです。

創業者のフランク・フィリップスは事業を通じて、アメリカ・インディアンと非常に親しくなっていきました。

それを証明するように、わたしがオクラホマの本社にいた頃、従業員の4割近くは、アメリカ・インディアンの血を引く末裔たちでした。

社長、会長を務めたビル・キーラーも、両親がアメリカ・インディアンのハーフだったので、彼はアメリカ・インディアンのクォーターでした。

これは余談ですが、一緒にアラスカを視察したキーラーがクォーターだと知った東京ガスの安西浩さんは「それなら、あなたはわたしの従兄弟みたいなものだ」と言ってキーラーを笑わせていました。

フィリップスは、そうした歴史と社風があるので、考え方が非常に柔軟なところがありました。

アメリカ・インディアンに敬意を表した創立者

創立者のフランク・フィリップスは、本社から10キロあたりのところに「ウラロック・ミュージアム」という博物館も作っています。

この博物館は、アメリカ・インディアンの歴史や風習を模型を使って紹介したり、衣類や生活道具を展示するなど、アメリカ・インディアンの文化をまるごと知ることができる博物館です。

建物にも風情があり、近代建築ではなく、丸木小屋のような温かみのある建物です。周辺は牧場になっていて、バッファロー、つまり野牛を放し飼いにしていました。

博物館にはゲストハウスがあり、大事な来賓を接待する場所がありました。その迎賓館の一つの名物としてお出しするのが、バッファローのステーキでした。

バッファローは野生の牛なので、正直、肉は硬めですが（笑）、珍しい食材ですし、歴史のあるものなので、オクラホマに来た思い出として提供していました。

こうした料理のおもてなしは、開拓時代のアメリカの雰囲気を伝えるものとして、お客様からも大変好評だったようです。

発祥の地や創業の経緯、またアメリカ・インディアンへの敬意など、フィリップスは他のアメリカの会社とは、少し異なる社風を持った会社だったと思います。

フィリップスのアメリカ・インディアン博物館
「ウラロック・ミュージアム」の館内の様子

ゲストハウスで提供されていたバッファロー

ダメな事業にしがみついては、みんなが不幸になる

時代が変化し、グローバル化した現代は、アップルやグーグルなど、アメリカ発の新興企業がたくさん登場しています。そうした新興企業は、必ずしもドライなだけでなく、技術革新によって、世界の進化や人類の幸せを追究した企業が多くなってきているようにも感じます。

フィリップスのマネジメント層とも付き合いましたが、ドライで、冷たい考え方ではないなと感じました。

ただ、考え方は、はっきりしていました。ダメなものはダメ。良くなる見込みがないものに、いつまでもしがみついてはいけない、という方針は明確でした。

トップが判断を誤れば、一緒に働く仲間も引きずり込まれ、みんなが不幸になる。そうした事態を回避するためにも、問題のある事業は素早く決断を下すべきという考え方です。これはアメリカ的な考え方と思われがちですが、アメリカ人の中にも、長年手掛けてきた仕事には愛着もありますし、人間関係もあるので「これは捨てがたい」という思いが当然出てきます。

そういう時にも、ダメな事業は早めに決断しなければいけない、ということは徹底していました。収益云々というよりも、手放さないことで不幸になる人がいることを忘れてはいけない、と教えられました。

例えば、長期的視点からフィリップスが売却した事業の一つに、ガソリンスタンド事業がありました。

フィリップスは製油所を持っていなかったため、他社から集めてきた重油をハワイの拠点で加工していたので、ハワイには昔、ガソリンのリテールのオペレーションがあり、フィリップスのガソリンスタンドも結構ありました。

PHILLIPSという社名の下に赤い文字で66とデザインされた「フィリップス66」というブランドです。ハワイだけでなく、本土にもあったガソリンスタンドですが、それをどんどん売却して、最後はハワイの小さなリファイナリー（製油所）も売却しました。

ハワイの「フィリップス66」はワイキキの目抜き通りの一等地に何軒もあったのですが、かなり安い値段で売ってしまい、今は、そこに高級ホテルが立ち並んでいます。

わたしは、当時、何故そんな安価で売ってしまうのか、不思議で仕方がありませんでした。不動産価値を考えたら、相当なものがあったからです。

ただ、フィリップスは〝油屋〟なので、油屋としての観点から、事業をやめる判断をして、土地を安く売ってしまったわけです。

小売りに力を入れ過ぎると、不動産や店舗運営、人件費などのコストが掛かります。それらを考えた場合、戦略的に撤退して、強みを活かせる分野に注力しようという方針でした。

その後も、フィリップスは強みを活かした戦略から事業判断を行い、現在はコノコと統合し、「コノコフィリップス」として、6大メジャーの一角を占めています。

ダメなものを切り捨てるのは、取れるものは取れるうちに取ってしまおう、という攻めの思考なのかもしれません。

ですから、トップマネジメントは決して冷たくはなかった。強いていえば、中間管理職の中に「自分のポジションを上げるために、周囲の人間を蹴落として……」と考える人がいるのかもしれません。

ただ、フィリップスは社員のそうした動きもきちんと見て、把握していたので、問題が起きたときはきちんと成敗していました。

改革を進めるためにも関係者全員で考え、進むべき道の選択を

ダメな事業をやめる決断をするには、勇気が要ります。日本人は情に流されたり、「今はまだ利益が出ているから……」と決断を先送りしてしまうことがあるので、止める勇気を持つことも必要だと思います。

例えば、日本の農業にしても、良いところは何か、ダメなところは何かをはっきりさせて、何を残して、何を捨てるか、勇気を持って決断していかなければいけないと思います。

この手続きを経ずに、勝手にすべてを捨ててしまうと、捨てられた部分にいた人たちは嫌な気持ちになるはずです。

改善しなければならない部分にいる人たちを外して話を進めるのではなく、そういう人たちも交えて、次の方向性を一緒に考えて決めていくことが必要なのではないでしょうか。

何がやりたいのか、どこを目指すのか、将来を見据えて、進むべき道を追究していかなければいけないと思います。

ですから、自民党農林部会の会長として小泉進次郎さんのような方が頑張っておられるのは、とても良いことだと思います。これからも、ぜひ積極的に頑張っていかれることを期待しています。そのためにも、霞が関も含め、周囲が進次郎さんの活動を支え、フォローしていくことが大切だと思います。

日本には、良いところもたくさんあります。特に、日本の中小企業には良いところがたくさんあると感じています。創意工夫で編み出したもの作りの力は、世界に冠たるものがあります。

ただ、中小企業は組織が小さいため、資金力や販路不足などが問題で、せっかくの技術や画期的な商品を日の目を見るところまで持っていくことが大変です。

一方で、日本の大企業は、組織の〝殻〟とも言うべき制約を受けて、個人の力を出しにくいことがあります。大企業で働く人も「サラリーマンだから殻を破っても仕方がない」と諦めてしまうのではなく、力を発揮できる環境がもっと必要なのかもしれません。

その意味でも、中小企業と大企業が力を合わせていけば、もっと日本の強さを発揮できるのではないかと思います。

日本法人トップのウォーレス

目的達成に向け邁進する上司の側で……

フィリップス日本支社では、上司のウォーレスから多くのことを学びました。30代後半のまだ若い上司でしたが、非常に〝デキる〟人物で、若くして日本法人の社長を務めていました。

ウォーレスは、ビジネスの構想を実現させるのが非常に得意な人でした。目的が明確なので、枝葉末節にはこだわらず、物事をどんどん前に進めていきました。

日本企業との合弁会社も、形だけでは意味がないと考えていたようで、いろんなアプローチで仕事に臨んでいました。

ですから、日本の相手企業も最初は少し驚いたことも多かったようです。日本企業の常識とは、異なる反応をしてくるので、それにどう対応すべきか、戸惑っているようでした。

多少、強引なところがあったものの、わたしは事業を行う上での経営判断というものをウォーレスから学びました。最初に勤めた会社がアメリカの会社だったので、当時は、日本企業の経営判断の特徴をそれほど理解していませんでしたが、企業文化の違いは別として、ウォーレスの考えにはビジネスにおける普遍的な考え方として、いいなと思うところがたくさんありました。

例えば、商売はいろんな要素から成り立ちますが、ウォーレスは、全体を考えなければならない、ということを重視していました。

ですから、短期的な視点ではなく、長い目でみて判断を下していた。しかも、その判断が早く、スピード感が抜群でした。それができたのも、長期的な展望を見通す力が非常に優れていたからなのだと思います。

ただ、ウォーレスが優秀すぎて、周りが付いていけないこともありました。長期的展望で話をするウォーレスに対して、周囲は、短期的展望で、当面の議論をしてしまうからです。

ウォーレスは一見損をするような案件でも、長期的な利益の見通しがあれば、話を先に進めていきます。「ここでは若干損をしてもいいや」と決断できるわけです。

ウォーレスの間近で仕事をしていたので、その判断が、その後、どう影響していくのかもつぶさに見てきました。ですから、このウォーレスの経営手法は非常に勉強になりました。

自分の考えに固執することもなく、部下のアイディアが良いと思ったら、それをそのまま採用もします。

良いアイディアだなと思っても、上司としての威厳を保つためにも「それをもっとブラッシュアップしろ」と言う人も多い（笑）。でも、ウォーレスは「いい考えだな」と言って、オープンにそれを採り入れていきました。

当時の日本では、非常に珍しい仕事の進め方だったと思います。ですから、こうした対応に、相手企業は戸惑いを覚えることがあったわけですが、逆に、新鮮さがあっていいなと感じる人も多かったようです。

その意味では、ウォーレスの存在は、ある意味〝困った存在〟でもありますが、〝尊敬できる存在〟でもあった。その両面を併せ持つ人でした。

そんなウォーレスの仕事ぶりを日本企業のトップも、評価していたようです。

例えば、１９８０年（昭和55年）、フィリップスと住友化学、シンガポール政府を交えてのビジネスがありました。この案件で、わたしもウォーレスと一緒にシンガポールに行ったのですが、住友化学の責任者は社長の土方武さん、のちに社長になった米倉弘昌さんも同行していました。

土方さんからは、六本木にある住友グループのゲストハウス「住友会館」で会議を兼ねた会食にも招かれました。フィリップスからはウォーレスとわたし、住友化学からは土方さんと米倉さんが出席したのですが、土方さんの丁寧な対応に、ウォーレスに対する敬意を感じました。

そういう意味で、ウォーレスはわたしにとって非常に大きな存在でした。

最後はフィリップスの副社長まで務めましたが、わたしが会社を去った後も、日本に来るたびに連絡をくれていました。

物事を見通す力、実行力、そしてスピードと、仕事をする上で本当にお手本となる〝先生〟でした。

どんな仕事でも、手掛ける仕事に愛着がわいてきます。そうなると、実態を見ずに判断したり、決断を誤ってしまうことがあります。

人間にはこうした傾向があるので、気を付けなければならない、ということをウォーレスから学びました。

仕事を成功させるためには、ある意味での〝こだわらない〟姿勢が大切ということです。

尊敬する上司ボブ・ウォーレス氏(写真中央)と共に出掛けた台湾出張での1枚。写真右が小坂敬

第4章……小松ストアーに入社して

父の時代の「小松ストアー」

今も昔も変わらぬ「夢を売る店」として

父が小松ストアーを開業したのは終戦の翌年、1946年（昭和21年）4月のことです。何もない時代ですから、建物を建てる材料もありません。そこで、父は敷地に合うサイズの倉庫を埼玉県で見つけてきて、それを購入して解体し、銀座で組み立てて店をつくりました。

店で売る商品もなかったので、いろんなところにお願いして、手作りの商品なども並べていました。みんなモノを欲していたので、どんな商品でもすぐに売れていきました。

そして、日本が戦後復興の道を力強く歩んでいた1957年（昭和32年）、小松ストアーは鉄筋コンクリート8階建ての建物になりました。

設計は、親戚でホテルオークラや松本楼などを設計した小坂秀雄氏が担当しました。

この店舗建設時、世間を驚かせる出来事がありました。

なんと、工事現場から小判が発掘されたのです。小判の大半は「慶長小判」と「享保小判」で合計280枚、それに加えて「一分金」60枚が出土しました。

この出来事はマスメディアで大きく取り上げられ、全国に夢と希望を与えるニュースとなりました。

小坂家が小松ストアーの所在地・銀座にやってきたのは、曽祖父が上野で彰義隊の焼け打ちに遭い、逃れてきたことがきっかけです。

父は、伯母が当時を振り返り「上野から逃げるときに重たい荷物を背負った記憶がある」と話していたことを覚えていたので、おそらく、それが小判の一部で、工事を機に見つかったものと考えていました。

ところが、父は、小判が発見された翌日の重役会で所有権の放棄を宣言。そのため、小判は文部省の文化財保護委員会（当時）によって「埋蔵文化財」に指定され、今でも上野の『東京国立博物館』に保管されています。

「夢を売る店」から小判が出土して、全国に夢を与えるニュースになりました。その夢をみんなで分かち合うためにも、日本の歴史的遺産として保管されることが望ましい、と考えたのかもしれません。

昭和32年は、みゆき族が登場した頃で、ＫＥＮＺＯさんなど新進気鋭のファッションデザイナーが銀座に集まってきた時代でした。小松ストアーにも、文化服装学院を卒業したばかりのコシノ姉妹が社員として入社しました。コシノ姉妹は、３階のフロアの一部を任されて、自分たちがデザインした商品を販売していました。

彼女たちも最初は何をすれば良いのかわからず、まさに手探りからのスタートでしたが、実験的に始めた店舗が実績をあげて、その後の独立につながりました。

父が小松ストアーを創業して、２０１６年（平成28年）で70年を迎えました。単にモノを売るのではなく、「夢を売る店」として、創業一年目からクリスマスツリーを飾り、「クリスマスセール」を開催するなど、常に世の中の方々にいかに楽しんでいただけるかを追求してきました。

その創業時の精神は、今も昔も変わっていません。

子どもの意思を尊重し、一度も跡継ぎの話をしなかった父と母

わたしがフィリップスを退社して、小松ストアーに入社したのは１９８５年（昭和60

1948年（昭和23年）の木造建築だった頃の小松ストアー

年）のことになります。最初に勤務したのは店舗ではなく、フェヤーモントホテルで、ホテルの社長として、多くのスタッフと共にサービス業のイロハを学んでいきました。

父は、一度も「会社を継げ」とは言いませんでした。ですから、小松ストアーには自分の意思で入社しました。父が体調を崩し始めていたこともあり「手伝おうか」と言ったところ「うん、まぁいいよ」という話になったのです。

父も母も、跡継ぎの話は一切しませんでした。子どもたちの意思を尊重して、進路にも一切口を出さない両親でした。

父は、わたしがアメリカの会社で仕事をすることを喜んでいましたし「自分の意志で何かすることは良いことだ」と評価していました。逆に、創業家だから自動的に跡を継ぐことが果たして良いことなのかと疑問に思っていたようです。

しかし、そんな父も、わたしが小松ストアーに入社したことを心の中で喜んでいたようです。

ホテルを経験した後、小松ストアーの店舗の仕事へと入っていきました。入社当時は、父も会長職だったので役員会にも出席していました。父は、わたしの社長就任から１年後の１９８６年（昭和61年）、享年79歳で亡くなりました。

「小松ストアー」から「ギンザ・コマツ」へ

終業後、リニューアル作業に尽力した西武の二人

入社当時のわたしは、小売業について何も知らない素人でした。しかし、そんなわたしでも「小松ストアーの店舗は活気に欠けているな、元気がないな」と感じていました。

昔ながらの商売をやっていて、一年の半分はセールをしていました。そのため、3階のフロアは商品だらけで、欲しい商品を見つけるのも大変になっていました。

売るモノが多いのは良いことですが、あまりにも商品が多過ぎるので、何がなんだかよくわからない。まさにカオスのような状況になっていて、見た目の美しさも消えてしまっていたのです。

お客様は、そうしたことに敏感に反応します。世の中の小松ストアーに対するイメージも「あまり面白くない」「昔は良かったけれど……」となっていて、そうした意見

がわたしの耳にも入るようになっていました。

そこで、もう一度、魅力を取り戻すためには、店舗を一新すべきだと感じました。

そして、1986年（昭和61年）11月「リニューアル構想」を発表。店舗名も「小松ストアー」から「ギンザ・コマツ」に改めることを決めました。

しかし、入社2年足らずのわたしは、小売業というビジネスがまだよくわかっておらず、どうやって一新すれば良いのかがわからなかった。

そこで、知人を頼りに専門家を紹介してもらい、出会ったのが、当時、西武百貨店で働いていた脇坂久雄さんと望月明さんでした。

彼らは西武の社員なので、時間外で小松ストアーのリニューアルに汗を流してくれました。

週一回の頻度で、フェヤーモントホテルの宴会場で夜10時頃から会議を開いて、いろいろと小売りのノウハウを教えてもらいました。

夜遅い時間なので、軽食とビールを出しながらの会議です。脇坂さんと望月さんは忙しい時間を割いて、「小売店とは何か」「何をどう変えていくべきか」など、一から手ほどきしてくれました。

有楽町センタービルディング（有楽町マリオン）の西武店がオープンしたのが1984年（昭和59年）だったので、「どんなコンセプト」で「どんな狙い」で「どんなモデル」の店舗として開業したのかをすべて教えてくれました。

急成長する西武にいた彼らが、ギンザ・コマツの仕事をしたいと思った動機は「西武ではできないことをやってみたい」ということでした。

つまり、西武の規模ではできないけれど、ギンザ・コマツの規模ならば「多少とんがったことなど、面白いことができる」ということです。

ですから、こちらが提供したのは、彼らが活躍できる場とビールと軽食だけ（笑）。本当に何の報酬もなく、ギンザ・コマツのリニューアルを引き受けてくれました。

銀座で、この規模の店舗ということが、彼らにとって非常に魅力的だったようです。ギンザ・コマツをこれだけ気に入って、力を尽くしてくれたことに本当に感謝しています。

脇坂さんと望月さんの他に、西武ピサを企画した池悦子さんにもご協力いただき、リニューアルを指揮してくれました。池さんは行動力がある方なので、現場をぐいぐい引っ張ってくれました。

「モリハナエ」ブランドが名刺代わりとなって新ブランドも入店

外部の方々の知恵を借りて、店舗のリニューアル作業を進めていきましたが、コンセプトを固めて、フロア別にどんな店を入れるべきかなど、議論をするうちに「今までの『小松ストアー』のイメージではテナントが乗ってくれないだろう」ということになりました。

そこで、相談に向かったのが、森英恵さんのところでした。

森英恵さんは、リニューアルの構想を説明すると「わかりました。全面的に協力します」と言ってくれました。

そして、3階に「モリハナエブティック」、2階にはモリハナエのディフュージョンブランド、1階には原宿のモリハナエにあった「ハナミズキ」というカフェが入ることになりました。

そうすることで「森英恵さんがこれだけ入れ込んでいる店なんだ」という名刺代わりになるからです。

その〝名刺〟のおかげで、他のブランドにも入っていただけるようになりました。

リニューアルの設計は、植木莞爾さんにお願いしていたのですが、植木さんが「イタリアの面白いブランドを知っているよ」と紹介して下さったのがプラダでした。その縁で、プラダも日本における1号店をギンザ・コマツから展開することになりました。

その他、スイスのフォーガルという靴下専門店、1階のハナミズキのカフェの後方には、ワタナベエンターテインメント社長の渡辺ミキさんが経営するチョコレート店もオープンしました。当時は、まだ母親の美佐さんが会社を経営されていたので、ミキさんの経営の勉強として店を出したという側面もあったようです。

プラダ1号店が入ったギンザ・コマツ。オープンを祝う小坂敬（写真一番右）

大改装を終え、1987年「ギンザ・コマツ」がリニューアルオープン

建物も、いろいろな設備が古くなっていたので、空調も含めてすべて一新しようと、竹中工務店さんに改装をお願いしました。

地下2階のボイラーを取り払ったり、電気関連の設備を屋上に移したり、地下2階から4階のコンクリートまで、すべてはがした大改装になりました。

ただ、店を休業させれば、その間の収入がなくなってしまいます。ですから、長期間休業するわけにはいかない。そこで、竹中さんに「この改装を1カ月でやってほしい」とお願いしたのですが、「それは無理です」と即答されてしまいました。とはいえ、こちらも、引き下がるわけにはいきません。

そこで「採算が合わなくなるので、残業してでもやってほしい」と懇願して、1カ月は無理でしたが、45日で仕上げてくれました。

今はこんな無理は言いませんが、当時は何も知らなかったので言えたことです（笑）。

いろいろありましたが、人の縁があり、話題の店舗も集まり、1987年（昭和62年）、「小松ストアー」は店舗名「ギンザ・コマツ」として生まれ変わることができました。

商品をただ置くだけの店ではつまらない

無事、リニューアルオープンできましたが、ただ商品が並んでいるだけの店舗では面白くありません。そもそも、父が小売りを始めたのは「夢を売る」ためです。その思いを表現したいと、1階の入口付近の半分をアートスペースにすることにしました。

これも中途半端なものではなく、きちんとしたものにしたかったので、いろいろな人に相談し、友人の紹介で銀座の画廊「ギャラリー上田」の上田さんが協力してくれることになりました。

上田さんの縁で、韓国の女性アーティスト、崔在銀《チェジェウン》さんのオブジェを展示することになったのです。

ただ、同じオブジェをずっと置いておくのではつまらない。そこで、毎月違う作品を展示することにしました。

崔さんは、いけばな草月流の勅使河原宏さんの一番弟子の一人で、勅使河原さんのところの工房で焼いた巨大な焼き物など、斬新な作品を創作されている方でした。

草月会館（東京赤坂）のイサムノグチが手掛けた石庭『天国』に崔さんの作品を展示

したときは、イサムノグチの作品の上に土をかぶせて、植物の種をまいて自身の作品にしたという逸話もある方です（笑）。

そんなエネルギー溢れる崔さんなので、作品も巨大なものがあり、２トン近い重さの石を持ってきたこともありました（笑）。

店を面白くするために、店舗のビジュアルにもこだわりました。そこで、ビジュアルをお願いしたのが、長友啓典さんと黒田征太郎さんのデザイン事務所、Ｋ２《ケーツー》でした。

長友さんと黒田さんには、これを機に、いろいろなお仕事をご一緒させていただいています。

リニューアルした「ギンザ・コマツ」に設けたアートスペース。写真は、崔在銀氏の作品

世界トップの売上げになったブルガリのギンザ・コマツ店

時間が経つと、どうしても新鮮味が薄れてくるのが、小売業の世界です。１９８７

年(昭和62年)の全館リニューアルから10年近く経過したため、1997年(平成9年)、今度は1階の改装をすることを決めました。

ただ、1階を丸ごとお貸しすると、上の階の存在が薄くなってしまうため、1階を半分ずつお貸しする形にしようと考えました。

そして、そのリニューアルの際、入店のお声掛けをしたのが、当時、ブルガリジャパンの代表をされていた深江賢さんでした。

深江さんと初めてお会いしたのは、1987年(昭和62年)のリニューアルの時でした。深江さんは当時、アルマーニジャパンの責任者をされていました。その10年後、ブルガリジャパンの代表となった深江さんに改めてお話に上がったところ、ブルガリの入店が決定しました。

これもご縁なのだと、ありがたく思っています。

ブルガリは当時、世界でブランドイメージを統一させるため、店内は少し暗く、洞窟に入ったような店舗デザインをされていました。しかし、それでは、ギンザ・コマツの1階に入る魅力が出せません。

そこで「中央通りから裏通りまで、通り抜けられるような店舗にして下さい」と深江さんにお願いしたところ、イタリアの本社と交渉を重ね、従来とは異なる店舗デザインの店がオープンすることになりました。

この新店舗が功を奏し、ブルガリ銀座店の売上げはどんどん伸びていきました。そして、銀座店がローマ本店の売上げを凌駕して、世界トップに躍り出るまでになりました。銀座店が、ブランドの新たな魅力を引き出したのです。

無事、1階の半分は決まりましたが、もう半分のスペースをどうするか——。

ブルガリは高級ブランドなので、あまりイメージが異なる店舗では違和感が出てしまいます。そこで、以前、プラダを紹介して下さった建築家の植木莞爾さんに相談したところ「ワインを入れたらどうか」と提案し、エノテカ創業者の廣瀬恭久さんを紹介してくれました。

ワインなら、どんな店舗ともしっくりきますし、競合することもありません。「これは良い案だ」と思い、ワインのエノテカ、高級ブランドのブルガリが1階に入ることになりました。

ギンザ・コマツの特徴を活かしてセレクトショップをオープン

ギンザ・コマツは大きくもなく、小さくもない、中間サイズのお店です。その特徴を活かし、小松ストアーという会社をどんな存在にしていくか――。

四丁目にはトラディショナルな商品を置く「銀座・和光」があり、七丁目には少しとがった商品を置く「SHISEIDO THE GINZA」があります。ギンザ・コマツは地理的に、その真ん中にあります。ですから、店舗としての特徴も、その〝中間〟が良いのではないかと考えました。

つまり、近代的だけれども、とがっていないものにしようと。

そして始めたのが、1987年（昭和62年）に始めたセレクトショップ「シーズンズ・ギャラリー」です。スカートもシャツも、いろんな有名ブランドを混ぜてディスプレイする、このようなセレクトショップは、当時はめずらしいものでした。

ブランドを扱っている卸会社にしてみれば、自分たちが扱っている商品が一つのコーナーにあることが望ましいのは当然です。

けれども、わたしは敢えて、セレクトショップをやろうと考えました。

当初は、卸会社も戸惑いの反応でしたが、いろんな問屋さんに協力していただき、新しいビジネスが始まりました。

現在のビルに建て替え後、2012年（平成24年）にオープンしたコムデギャルソン社長の川久保玲さんが監修する「ドーバーストリートマーケット」はセレクトショップの〝究極の形〟だと思います。

いろんなブランドの商品が一つのお店で展開されて、プラダもあれば、ルイ・ヴィトンもナイキもある店舗です。

1階エレベーターホールの昆虫もそうですが「ドーバーストリートマーケット」は、なにか心に刺さるような刺激のあるお店です。

フェヤーモントホテルとギンザ・コマツ

ホテル閉鎖とギンザ・コマツの建て替え

リニューアルで、新たな小松ストアーをお客様に印象づけることができましたが、建物そのものは1957年（昭和32年）に建てたものなので、2000年代に入り、耐震性の問題が出てきました。

耐震工事による補強も検討しましたが、そうすると、店内にまで補強のための構造物を入れる必要があり、店内が檻のようになってしまう。そこで、将来を見据えて、建て替え計画を考え始めました。

その頃は、小松ストアーだけでなく、東京千鳥ヶ淵の「フェヤーモントホテル」の老朽化も進んでいました。

フェヤーモントホテルは、父が東京オリンピックの開催を目指して、1951年（昭和26年）に開業したホテルでした。

建築資材が高騰していた時代にあって、父は「船の原理で建てる新しいホテル」というコンセプトを打ち出し、客室を簡素にすることで建設費を抑えながら、快適さを保ち、ビジネスマンが数週間、心地よく滞在できる空間を提供していました。

このアイディアは、2カ月にわたるアメリカ視察から生まれたもので、世界のホテルのノウハウや知見を結集させて造ったホテルでした。

開業当初は、木造2階建てのホテルでしたが、東京オリンピックの開催を前に、6階建てのホテルに改築しました。

しかし、高度成長期の建造物なので、多少乱雑な部分がありました。特に、建物を三つに分けて造ったため、継ぎ目のあたりに、いろいろな問題が発生していたのです。

2000年代初頭は、ホテル業界の追い風も吹いておらず、その中で、多額の借入をしてホテルを建て直すのは負担の重いことでした。

また、敷地が600坪で、経済性のあるホテルを造るには土地が足りませんでした。三和銀行（現・三菱東京UFJ銀行）が所有していた隣接地の活用も考えましたが、話がまとまらなかったため、2002年（平成14年）、ホテルを閉じて、三井不動産さんにお願いして土地を売却することにしました。

その結果、バランスシートも整い、小松ストアーの建て替え計画が実行に移っていったのです。

進駐軍将校の宿泊場所となったフェヤーモントホテル

フェヤーモントホテルの魅力は、何といっても、千鳥ヶ淵に面している立地にありました。

というのも、周辺には官の土地ばかりで、民間の土地がなかったからです。

例えば、戦没者墓苑。ここは賀陽宮恒憲王の土地だったこともあり、賀陽宮様はフェヤーモントホテルにもよくご宿泊されていました。

戦没者墓苑の隣は宮内庁の長官と侍従長の公邸で、来賓をお招きするパーティーがあると、フェヤーモントホテルに料理の注文をいただいていました。

また、ホテルを挟んで、向こう側には毎年、米価審議会が開催された旧農林省別館があり、その隣に九段坂病院がありました。

九段坂病院は半官半民の病院で、旧大蔵省が健康診断にも利用していたので、九段坂病院とフェヤーモントホテルで打ち合わせをして、健康診断で宿泊される方の食事メニューなどを用意していました。

さらに、九段坂病院の隣はインド大使館と、官関係の施設が続いているのです。その意味で、フェヤーモントホテルは非常にユニークな存在でした。

この貴重な土地でホテルを始められたのは、戦後ならではの理由がありました。皇居周辺の由緒ある土地ですが、そこで進駐軍相手のクラブのようなビジネスをしようと考えた人がいたため、当時の区長が、それを阻止しようと、父に相談をしたのです。

父も金銭的なゆとりはなかったものの、もともと三井家の土地で、父もその土地を非常に気に入っていたので「それならば」と何とか資金を集めて土地を取得したのです。

そして、木造2階建てのフェヤーモントホテルを建設。フェヤーモントホテルは、進駐軍の将校などが宿泊する場所として重宝されました。

美しい景観に加え、連合国軍最高司令官総司令部のある第一生命ビルにも歩いていける距離だったからです。

ホテル事業に関わることになった経緯

戦前、日比谷に日比谷大神宮という神社があったのですが、父は、その隣に「大松閣」という宴会館を作り、神社で式を挙げた後、その隣の大松閣で宴会をできるようにしていました。

日比谷大神宮は１９２８年（昭和3年）に日比谷から飯田橋に移転することになり、大松閣も神社と一緒に飯田橋へ移り、「飯田橋大神宮」と呼ばれるようになりました。終戦後の１９４６年（昭和21年）に飯田橋大神宮は東京大神宮として再発足しましたが、ＧＨＱが大松閣を接収するという話が出てきました。

そこで父はＧＨＱと交渉し、ホテルにすれば接収を免れる事ができるとわかりました。

アメリカから来たビジネスマンの宿泊先の確保がＧＨＱの要望でしたので、ＧＨＱも「ホテルを造ってくれるなら接収はしない」ということに落ち着いたのです。

父は大松閣を急きょ改装し、１９４８年（昭和23年）に「アンバサダー・ホテル」を開業しました。また、三番町の自宅の焼け跡に１９５０年（昭和25年）「サンバンチョウ・ホテル」を創業しました。

そうした流れがあり、区長から「千鳥ヶ淵の周辺で、進駐軍相手の赤線のようなことを計画している動きがあるので、何とかして下さい」と話が来たのです。

そして、父は土地を購入して木造2階建ての「フェヤーモントホテル」を1951年（昭和26年）に造り、その後、東京オリンピックの開催に間に合うように、三回に分けて建物を建てて「フェヤーモントホテル」を発展させていきました。

ホテルを休業して工事をしては売上げが立たないため、父は建物の一部を残してホテルを営業しながら、部分的に建物を造っていきました。

そうしたこともあり、耐震性の問題で建て直しの必要が出てきた頃は、父に代わり、わたしの代になっていました。

わたしは、当時のホテル業界の状況を考えて、事業を閉じて、土地の売却を決めました。

多くの方に愛されたホテルだったので「なぜ、閉めてしまったのか」と残念がるお声をたくさんいただきました。しかし、小松ストアーが新たな挑戦をするには仕方のない決断でした。

フェヤーモントホテルを愛した著名人

フェヤーモントホテルは本当に多くの方に愛されていました。

皇居が近いということで、宮家にもよくご利用いただきました。

また、場所柄もあり、音楽関係や作家、美術館系の方など、文化系のお客様がたくさんおられました。ですので、部屋によっては、物書きの先生用に勉強机のようなものも置いていました。

千鳥ヶ淵の桜は有名なので、桜の季節になると、政治家の先生がよく観桜会をされていました。民主党の渡部恒三さんも、地元福島から後援会の方たちを招いて、そばを打って振る舞っていました。

明治40年（1907年）生まれの方たちの「明治40年の会」もフェヤーモントホテルが開催場所でした。歌手の淡谷のり子さんや作曲家の服部良一さん、元首相の三木武夫さんなどがお集まりになり、非常に楽しい会合を開いておられました。

また、フェヤーモントホテルに事務所を構えておられたのが、防衛官僚の内海倫《うつみひとし》先生です。

内海さんは若い頃、道路交通法の制定の仕事もされていて、民間モニターとして、ヤナセの梁瀬次郎さんと父がアドバイザーとして一緒に仕事をしていた縁で、内海先生と父が親しくなったのです。

現役を引退された後は、フェヤーモントの役員も務めていただきました。ですから、父が亡くなった後、内海さんは「俺がおまえのおやじ代わりだ」と言って、よく面倒を見てくださいました。

内海さんは終戦直後、京都府警におられたことがあり、その時代、裏千家の先代の家元千玄室大宗匠と親しくなられたそうです。当時、炭の入手が困難だったため、内海さんが炭の手配を手伝った縁だそうです。

京都を離れた後も、千玄室大宗匠との交流は続き、内海先生は裏千家の東京支部の支部長や地区長をされていました。

そして、支部長を辞められるとき、後任を誰にするかということで、内海先生に指名され、わたしが東京第5東支部の支部長を引き継ぐことになりました。「2年考えて、おまえに決めた」と言われ、引き下がれなくなったのです(笑)。

ですから、今も裏千家の老分など、いろいろやらせていただいています。会社に茶室があるのも、そうした縁があるのです。

その他、フィリップス時代にお世話になり、結婚式の御仲人も務めていただいた昭和電工の鈴木治雄さんも絵を描かれるのがお好きだったので、桜の季節になると、フェヤーモントホテルに宿泊されて、窓から見える千鳥ヶ淵の桜の絵を描いておられました。

芸能人でも、女優の宮沢りえさんが、ホテルをとても気に入って下さりました。

そのきっかけは、1冊の本にあります。

フェヤーモントホテルは桜が有名なので、1987年（昭和62年）の「ギンザ・コマツ」のリニューアルでビジュアルをお願いしたデザイン事務所「K2」の黒田征太郎さんに、桜の本を作ってもらったのです。

黒田さんに桜の季節、フェヤーモントホテルに滞在して絵を描いてもらい、その絵に詩を付けて1冊の本にまとめたのです。

そして、その本をすべての客室に置いて、お客様に楽しんでもらおうという発想でした。

女優の宮沢りえさんが、その本をとても気に入って、ご自身の誕生日である4月6

フェヤーモントホテルで開催された宴会に出席する、財界創業者の三鬼陽之助氏（写真左）、丸見屋（のちのミツワ石鹸）創業家の三輪善兵衛氏（写真中央）、小松ストアー社長（当時）の小坂俊雄氏（写真左から3人目）

日、フェヤーモントホテルで誕生日パーティーを開いて、お祝いに集まった方たちに、その桜の本をプレゼントされていました。

政財界から芸能界の方々まで、本当に多くの方にご愛顧いただけたこと、心より感謝しております。

ホテルの魅力を見直すことで社員の意欲も向上

１９８５年（昭和60年）に小松ストアーの社長に着任する前からフェヤーモントホテルの仕事をしており、ホテルには、いろいろな思い出があります。

ホテル業は、景気など外部要因に左右されることもあるので、必ずしも順風満帆とは言えない時期もありました。そこで組織を活性化させようと、工夫をしました。

例えば、80年代半ば、企業のコーポレート・アイデンティティが注目されていたので、われわれもホテル・アイデンティティを作りました。

全社員に声をかけて、任意で参加者を募り、ブレインストーミングのようなことをやったのです。

ホテルの良いところ、悪いところを全部挙げて、整理していくのですが、中で働いていると、どうしても〝悪いところ〟に目がいきがちになります。

例えば「ここが少し不便」とか「部屋が小さい」「ここはもう古くなっている」ということが気になるのです。確かに、その通りですが、一方で、良いところを見逃していることもわかってきました。

そこで、〝良いところ〟にスポットを当てて、意見を求めていくと「こんなに緑がきれいなところは都心ではめずらしい」とか「桜の季節の景色は見事」など、ホテルの魅力的な部分が見えてきて、社員全員が自分たちの働くホテルを見直すようになっていきました。

また、ホテル・アイデンティティ制定に合わせて、仕事の中身も変えていきました。例えば、客室をきれいにするハウスキーパーのユニフォームを自分たちで考えて、それを着て仕事をするようにしたところ、自分たちの目指すものを追究して「もっときれいに」「もっと丁寧に」仕事をするようになりました。

ユニフォームだけでなく、仕事の〝質〟も統一されて、非常に完成度の高い仕事をしてくれるようになりました。

また、ホテルのロゴも刷新しました。これも、外部の方に頼むのではなく、会社の中で応募して、社員みんなで選んでいく形にしました。最終的に、桜の花びらを形どったデザインになったのですが、これが大変好評でした。

フェヤーモントホテルを売却した後も、土地を買収された三井不動産から「新しいマンションの扉に、このマークを使いたい」と言われたので「いいですよ」とお返事して、無償で提供しました。ですので、ホテル跡地に建てられたマンションの扉には、今も、フェヤーモントホテルの名残ともいえるロゴが残っているはずです。

日韓共同開催のワールドカップで活きたホテル協会の海外視察

フェヤーモントホテルにいた時には、ホテル協会の国際問題専門委員会の委員長を務めました。

この委員会では、ホテルの経営者向けの海外視察を企画していたので、年1回の海外視察の団長を10回ほど務めましたが、わたしが団長を務めたときの海外視察は、ほとんどわたしの独断と偏見の旅でした（笑）。

ホテル協会の旅行は、海外のホテルに行って、裏方など、ホテルの中身を見せてもらって勉強する、というのが定番でした。でも、それでは当たり前すぎて面白くない。ホテルの経営者が視察するのだから、ホテルのバックヤードを一つひとつ見て回るよりも、ホテルにまつわる文化を学ぶべきではないか、との思いで視察旅行を企画しました。ですから、大都市のホテルだけでなく、普通の人が行かないような田舎のホテルを訪ねてみたり、毎回、テーマを変えて、プランを考えました。

例えば、ワインを勉強する企画では、通常の添乗員だけでなく、訪問する先々で、地元のエキスパートに案内をお願いしました。ボルドーでの案内人を見つけるのが大変で、ロスチャイルドの東京事務所を訪ねて「ボルドーに行くので、案内役を紹介してくれないか」とお願いしたところ、現地に住むワインに精通した日本人女性、岡田さんを紹介してくれました。彼女は非常に優秀で、有意義な知識を得ることができました。

その時は、フランスでワールドカップを開催した翌年（1999年）でしたので、ワールドカップに関係したボルドーのホテルの経験談を伺うことにしました。

フランスの次は2002年（平成14年）、日韓共同で開催することが決まっていたので、ホテルはどんなことに苦労したのか、また、どんな問題が起きたのかなど、いろんな逸話を聞いて、日本での開催に備えました。岡田さんには専門外ではありましたが、無理に通訳をお願いして、内容の濃い会議にすることができました。

何事も楽しく、実のあるものに――。

「夢を売る」小松ストアーの精神をフェヤーモントホテルの経営にもつなげていました。

中央通りに面する東館にユニクロが入店

フェヤーモントホテルの閉鎖によって、ギンザ・コマツの建て替えが計画から実行へと移っていきました。そして、建て替えに向けて、5年程かけて契約を定期借款に変え、建て直しの時期に契約が終了する形にしていきました。

数年かけてのプロジェクトだったので、想定外のことも起きました。

たくさんあったテナント候補が、リーマンショックなど事業環境の変化で激減。外資系のテナントさんが急に出店を取りやめたこともありました。

その他、建て替え時期の変動で、建築資材の高騰などの問題も浮上。これらの問題は、無事クリアすることができましたが、計画の途中で、右往左往することもありました。

また、当初の建て替え計画では、中央通りに面した「東館」に自営の売り場を三分の一程度、維持する考えがありましたが、自営の売り場とテナントを一緒に組み合わせていくのは困難でした。

そうした中で、舞い込んだのが、ユニクロさんからの「一棟全館使いたい」というご要望でした。中途半端にお貸しして、テナントさんに欲求不満を残してしまうより、思う存分使っていただくほうが良いですし、全館使っていただけるテナントはそうありません。その意味でも、ユニクロさんからのお話は非常に貴重なものでした。

一方で、「西館」には、時代を先取りするようなテナントさんに入っていただきたいと考えていました。

２００２年（平成14年）の「小松アネックス」（現・西館）のリニューアルの時にも、川久保玲さんのコムデギャルソンに入っていただけたらと考えていたのですが、小松アネックスには複数の店舗が入っていたため、川久保さんは、ご自身の世界観が薄まってしまうことを懸念され、入居されないことになりました。

そうした経緯もあり、２０１２年（平成24年）の建て替えでお声掛けした際は、川久保さんの世界観をしっかり伝えられるようにしようと、合弁会社を設立して店舗を運営していく話が浮上しました。

ただ、川久保さんが扱う商品は、小松ストアーにとって初めて扱う商品が多く、知識や経験が足りないため、他のテナントとの組み合わせの案も出てきたのですが、川久保さんが「それならば、全部自分でやりたい」ということになり、川久保さんの会

2012年に建て替えたギンザ・コマツ。東館にはユニクロが入店

社一社で運営することになりました。

偶然ではありますが、一般のお客様向けのユニクロと、高価格でこだわりの強いお客様向けの川久保さんの店舗が入ることになり、非常に対照的な店舗構成となりました。当初は、この対照的な組み合わせが隣り合わせで上手くいくか、と心配していましたが、結果は大成功でした。

ギンザ・コマツを象徴する「ドーバーストリートマーケット」

ギンザ・コマツの特徴を活かしたのが川久保さんがプロデュースするコムデギャルソンのセレクトショップ「ドーバーストリートマーケット」です。

そこで「ドーバーストリートマーケット」が入店する際、次男と二人で、ロンドンのドーバーストリートを見に行きました。川久保さんがどんな思いで店を作られたのか、勉強したいと思ったからです。

ロンドンには道路を歩行者天国にして、テントを張って商品を売るストリートマーケットがたくさんあるのですが、花だけを扱うフラワーマーケットもあれば、洋服だけ、骨董品だけ、雑貨だけを扱っているマーケットもありました。

どれも楽しいマーケットですが、おそらく川久保さんは、それら複数のマーケットを一つのマーケットとイメージして「ドーバーストリートマーケット」を考えたのではないかと感じました。ですから、店舗の中で、コムデギャルソンの商品にルイ・ヴィトンやナイキなど、他社のブランドの商品が折り重なっていくのだなと。そうして、一つのストリートを作ってしまおうという考えなのだと理解しました。

その意味でも、セレクトショップは数多くありますが、「ドーバーストリート」は非常に特殊なセレクトショップです。

いろんなブランドの商品が折り重なると、チグハグな印象になるかもしれませんが、それがまったく起きていない。一つひとつの商品は個性があり、主張の強い商品ですが、店内にディスプレイされると、全体と調和する。

ブランド側も、自社のブランドショップに出すものとは違う商品を出しているので、お客様にとっても掘り出し物を見つける楽しさがあるのです。

「ドーバーストリートマーケット」は、ただ商品を置くのではなく、楽しさや刺激も提供しています。

まさに「夢を売る」小松ストアーの精神を体現している店舗でもあるのです。

第5章……銀座とわたし

オール銀座の街づくり

煉瓦造りの建物など、最先端の街として

銀座は、常に変化してきた街です。

明治時代には、日本で最初の再開発が行なわれ、煉瓦造りの建物の街になりました。近代的な街をつくろうと、国が補助金を出してガス灯も設置され、モダンな雰囲気の街になりました。

ただ、明治時代の煉瓦造りの街は、評判が悪かったようです。冷暖房や換気の設備がまだ発達していない時代だったので「ジメジメした煉瓦造りの建物で生活していたら、肺病になって死んでしまう」と言う人もいたそうです。当時、暖房や調理に炭を使っていたので、煉瓦造りの建物は不都合が多かったからです。

そして、最も大きな不満は「商業に適さない建物」ということでした。煉瓦造りの

建物は窓が小さく、商店街なのに、通りを歩く人たちに店内の商品を見せられない造りだったのです。そのため「閉鎖的だし、暗い」といった意見が多発したようです。

けれども、みんな商売人なので、いろいろ工夫して、商品が外から見えるよう、煉瓦の壁に大きな穴を開けて自前の窓をつくってしまう人もいたそうです（笑）。

また、銀座は、時代の移り変わりを見続けてきた街でもあります。

例えば、銀座六丁目に本社を構える創業１９０１年（明治34年）の「クロサワ」は、日本で最初にタイプライターを輸入した店で、逓信省へのタイプライターの納入を一手に引き受けている会社でした。

また、１９０３年（明治36年）創業の煙草屋の「銀座菊水」は、日本で最初に輸入たばこの販売を始めたお店です。ですから、海外、特にイギリスの会社との付き合いが深く「菊水さんが言うのなら……」と、取引先も最高級のパイプなどを納めているそうです。

それから、銀座五丁目と六丁目は靴屋が多く、１９０７年（明治40年）創業の「銀座ヨシノヤ」、１９３３年（昭和8年）創業の「ワシントン靴店」、１９４７年（昭和22年）創業の「銀座かねまつ」、１９４８年（昭和23年）創業の「ダイアナ」などが軒を連ねています。

銀座五、六丁目は「靴を買いに来る場所」でもあったため、小松ストアーも以前は靴売り場にかなり広いスペースを割いていました。

間違いのない街・銀座

銀座で商いをしてきた企業として、「銀座の魅力とは何か」、常に追究しています。

しかし、議論を続けても、なかなか明確な答えが出てきません。

銀座というと、高級ブランドや高級な飲食店が多い街でもありますが、高級な商品が揃っていることが、銀座の魅力というわけでもありません。

例えば、海外の高級ブランドの銀座への出店が進んだのは、銀行の経営統合で支店の統廃合が進み、閉店した支店の跡地に続々と出店していったという経緯があります。

銀座の街にとっても、優良なテナントは、そう簡単には見つからないので、海外ブランドに助けられた面があります。

では、なぜ海外ブランドは、銀座に店を出したいと思ったのか——。

そう考えると、言葉で表現しづらいのですが、個人的に一番大事な要素とは「銀座は間違いない」ということではないかと思います。

例えば、銀座のお店に行けば、必ず信用できる対応をしてくれる。似合わない物を

「似合います」と嘘を言って、売りつけるようなことはしないと（笑）。

インバウンドで中国人観光客が東京へ来た場合、必ず銀座に来て買い物をするのも、そういうことではないでしょうか。

銀座でなければ絶対に買えないものは、そう多くありません。それでも銀座に来るのは、中国では神経を使わなければならない買い物が、銀座でなら安心して楽しめる。自分では気付かなかった提案をしてくれたり、逆に「あなたにはあまり似合いませんよ」と正直に助言してくれることで「買わないで良かった」と納得のゆく買い物をすることもできるからでしょう。

その意味では、商品だけでなく接客やサービスが〝本物〟であることが大事なのだと思います。

世の中には偽物も多いので、惑わされたり、紛らわしい話に遭遇することもあります。

そうしたことから解放されるのが、銀座という街なのではないでしょうか。信頼によって生まれた解放感、安心感が、銀座に足を運ぶ理由ではないかと思います。

自主的な行動を促す〝銀座フィルター〟

街並みだけでいえば、表参道のほうがきれいで、ハイセンスな街かもしれません。それでも銀座に向かうのは、表参道へ行くのとは異なる目的があるからです。

街には各々の個性と魅力があり、お客様も目的によって、訪れる街を変えています。例えば、渋谷は若者の街という魅力があるので、渋谷へ行く若者には、流行の服を着て、誰かに声を掛けられるのが嬉しい、というような感覚があるはずです。

また、ご婦人も、渋谷に買い物へ行くときはジーンズ姿でも、銀座に行くときはスーツにドレスアップして買い物に来られます。

街が醸し出す感覚の違いが存在するのです。

もう20年程前のことになりますが、銀座七丁目に吉本興業さんが進出したことがありました。吉本興業の芸人は若い女性に人気が高いので、ラフな服装の女性が劇場に足を運んでいました。

ただ、その劇場は、5年も経たずに閉鎖してしまいました。お客様の女性たちも、何となくラフな服装で銀座に来ることに違和感を覚えていたのかもしれません。

不思議な現象ですが、銀座ではこうしたことが起こります。つまり、暗黙の〝銀座フィルター〟が存在して、銀座の街がつくられていくのです。

例えば、晴海通りに出店した薬局のマツモトキヨシさんは、黄色い看板に黒い文字で〝マツモトキヨシ〟と店名を書くのが定番ですが、銀座の集まりで「銀座の景観には合わない看板だね」ということになり、ある日、意を決してマツモトキヨシさんに「何とかなりませんか」と話に行ったことがあります。すると、先方も「ちょうど今、うちでも（看板を）変える計画を進めていました」ということでした。

そして、今では銀座店はお馴染みの黄色い看板ではなく、青と白の落ち着いた看板になり、銀座の街に融け込んでいます。

つまり、こちらが言わなくても、暗黙の了解で、自主的に動いてもらえるという要素が、銀座にはあるのです。これも、銀座の魅力の一つなのだと思います。

海外ブランドが共同イベントを開催

街に連帯感があることが、銀座の魅力の一つでもありますが、これは景観づくりだけでなく、他の方面でも発揮されています。

例えば、海外ブランドは資金力もあり、影響力もあるので、銀座に進出して〝別列車〟が発車してはよくありません。

古くから銀座にいる人たちから不満が出て、双方の間で問題が起きてしまっては、せっかくの関係が台無しです。

そうした事態を避けるためにも、わたしは「銀座の仲間に取り込んでしまおう」と考えました。そして、銀座が一体となれるよう、海外ブランドのみなさんに銀座最大最古の「銀座通連合会」の会員になってもらうことを提案しました。

また、それだけでなく、連合会の中に「ブランド委員会」をつくり、銀座に店舗を構える海外ブランドの会を設けました。

ブランド委員会をつくるときは、ギンザ・コマツに出店していたブルガリジャパン社長（当時）の深江賢さんに協力していただきました。

「わたしが呼びかけても、みんな乗りにくいだろうから、ひと肌脱いで、みんなを集めてくれないか」とお願いしたのです。

そして、深江さんがブランドを一軒一軒訪ねて説得して回り、すべてのブランドが委員会に入ることになりました。

当初は「うちは〝通り会〟に入っているからいいよ」と抵抗されるところもあったのですが、深江さんの尽力で、最後は協力していただけることになりました。

このブランド委員会が画期的なのは、世界で唯一、海外ブランドが一緒になって活動していることです。

例えば、ブランド共通の買物袋をつくったり、ファッション誌の『VOGUE《ヴォーグ》』が持っているブランドの写真コレクションを使って、「VOGUE写真展」を開催しました。写真展は空きビルの1～2階を使って開催したのですが、必要な資金はすべてブランドが手当てしました。

銀座通連合会では、毎年、いろんな企画を立てていますが、「銀座に花を咲かせよう」と、花見の季節、地方から翁桜の立派な枝を何本も仕入れて、銀座一丁目から八丁目まで、通り沿いに枝を飾って、桜並木をつくったこともありました。

何年か続けてジャズ・コンサートを行なったときは、会場を数か所に分散して、ジャズライブを展開しました。最後に開催したときは、建て替え前の第四期歌舞伎座を借り切ってジャズ・コンサートを開き、大変好評でした。

「銀座通連合会」の中にある「ブランド委員会」が
銀座を盛り上げる様々なイベントを開催。写真は
『GINZA International Jazz Festival2007』の様子

イルミネーションで夜の街を彩る取り組みも

こうしたオール銀座の会があり、ブランド委員会があることで、海外ブランドごとの〝別列車〟が走らず、銀座の一体感を保つことができています。

銀座でイベントをするには、ある程度まとまった資金が必要ですが、海外ブランドの日本支社長は自分の権限で決済できる金額が大きいので、銀座のイベントを盛り上げてくれています。

こうした活動を展開できるのも、海外ブランドが「銀座」という街を意識してくれているからに他なりません。銀座オリジナルの商品を開発するなど、海外ブランドは、銀座を世界に発信してくれる、銀座にとってなくてはならない存在です。

銀座―築地間に無料シャトルバスを

銀座の活動も、1店舗だけが良くなるのではなく、銀座全体、さらには東京、そして日本全体が良くなろうという発想で考えています。

ですから、銀座の中で、誰が偉くて、誰が偉くないといった話ではなく「誰が何をできるか」が重要です。

そう考えると、イベントでは力仕事が必要なので、力もあって、身体も動く、若い人たちの活躍が不可欠です。

年配者が決めたことをやるだけでは面白くないですから、若い人たちが活動の意義を感じて、活動の内容を自ら決め、プライドを持って、取り組んでいくことが一番です。

そのほうが良いものができますし、見栄えもよく、お客様にとっても「銀座っていいな」と思えるものになる気がします。

また、東京には各地にいろんな魅力があるので、それらの〝点〟を〝線〟で結び、東京一体の魅力を底上げできれば素晴らしいことだと思います。

銀座と日本橋、銀座と築地など、各地の魅力をセットにして売り込めば、面白い相乗効果が生まれるのではないでしょうか。

そこで、街の魅力をミックスして、互いが協力できるシステムを作れたらと考えています。

例えば、築地市場の移転によって、市場跡地の地下にバスターミナルを造る構想があります。

そのバスターミナルに観光バスを停めて、銀座―築地間にシャトルバスを走らせれば、人の行き来も活発になります。また、せっかくならば、多くの方に利用してもらえるよう「乗ることそのものが楽しい観光バス」が理想です。

さらに、個人的には、シャトルバスを走らせたら、乗車料金を無料にすべきだと考えます。

「無料なら足を伸ばしてみようかな」という人も多いですし、行ってみたら買い物をしたり、お茶を飲んだり、何かしら消費をするものだからです。

ただ、無料バスを運行するには、バスの運営費を誰かが負担しなければいけません。行政は「予算がない」という話になるので、実現には、街全体の協力が必要になります。ある程度、街が負担をしても、その結果、街が潤えば、全体としてはプラスの効果が大きくなります。

とはいえ、数百円のお金を出すのも嫌だという人もいますし、人によって意見は異なりますから、銀座の総論として話をまとめるのは大変なことです。

年１回の大イベントから特徴あるイベントを複数開催

わたしも、銀座通連合会の理事長を務めていた時代（１９９７年～２００３年）、みんなの意見をまとめるのに苦労しました。

例えば、毎年続けてきた『大銀座まつり』を廃止しましたが、この時も、考えの違いが表面化しました。

大銀座まつりは、音と光のパレードということで、電飾で飾った車〝花自動車〟を銀座に走らせていました。銀座ゆかりの企業がスポンサーになって車を華やかに装飾するのですが、車によっては踊り子さんを乗せてダンスを披露したりもしていました。

企業1社につき1台の〝花自動車〟を宣伝を兼ねて走らせるのですが、わたしが理事長を務めていた頃は景気が悪く、企業も経費削減で、それまで1台2000万円程度出していた費用を1000万円に半減する事態に陥りました。

費用が半減されるので、おのずと見た目の華やかさも半減してしまいます。こうした変化にお客様は敏感ですから、そのままパレードを実行したら「銀座って、みすぼらしい街になったね」という印象を与えかねません。そうなってしまっては、イベントをする意味もなくなってしまいます。

それならば「いっそのこと大銀座まつりをやめて、違うことを始めたほうが良い」という結論になりました。

しかし、その一方で、大銀座まつりをやめることに対して、非常に強い反対の声がありました。イベントに関わってきた人は、準備から、当日の運営、後片付けなど、大変な労力をかけてきたからです。

汗水流して、時間をかけて作り上げてきたものがなくなり、権利も失われてしまうとなっては「面白くない」と感じて当然です。

とはいえ、みんなで議論をしたうえで、みすぼらしい印象を与えるほうがよくないということになったので「永遠になくなるということではなく、良い形で開催できるのなら、またやりましょう」と約束をして、どうにか同意を得ることができました。

そうなると、次に重要なことは、大銀座まつりをやめた後、「今できることで何をすべきか」ということです。

そして、出した結論は、1年に1回大きなイベントをやるのではなく、年間を通して、もっとこまめにイベントを開催して、銀座を盛り上げていこうということになりました。

ただ、ゼロから始めるのではなく、銀座にあるものにフォーカスを当てて、銀座の魅力を発信していくことにしました。これなら銀座の新たな魅力を発信できますし、すであるものを活用するので、お金もそれほどかけずに済むからです。

銀座には買い物に来る方が多いので、小売店だけでなく、デパートにもご協力いただいて、催し物会場でイベントのテーマに沿った商品を販売してもらったり、道路などにも露店を出していこうという案が出されました。

そして、まず始めたのが〝着物〟にフォーカスを当てたイベントです。イベント開催期間は、店頭のスタッフも着物を着て接客をして、店舗でも着物に関する商品の特設コーナーをつくるなど、銀座から着物の魅力を発信しました。

そして、その延長線で始まり、今では夏の風物詩的イベントになったのが〝浴衣〟にスポットを当てた『ゆかたで銀ぶら』です。

実は、日本初の歩行者天国は１９７０年（昭和45年）８月、銀座一丁目から八丁目を歩行者専用道路として開放したことが始まりです。

そこで、毎年８月、日本初の歩行者天国開催記念として実施している『ホリデープロムナード』の一環として、暑い中、銀座にゆかたや和装で来て下さった方々に、和のおもてなしで〝涼〟をとっていただこうと『ゆかたで銀ぶら』が始まりました。

打ち水をしたり、和太鼓の演奏会を開いたり、夏の和菓子を提供したり、多くの方に喜んでいただいています。

イベント開催中は、店舗でも和装にちなんだ商品がたくさん並べられますし、無料でゆかたの着付けサービスも提供しているので、このイベントを機に「和服を着てみよう」と思うようになった方も多くいらっしゃると聞いています。

画廊やお茶など、銀座ならではの名物イベント

また、銀座の特徴を活かしたイベントに『画廊の夜会』という催しがあります。

銀座は画廊がたくさんある街です。そこで「連帯の強さを活かした取り組みができるのではないか」ということで、東京画廊の山本豊津さんが音頭を取って、始まったイベントです。

最初の発想は、わたしが銀座通連合会の理事長時代、銀座通りとフランス・パリのモンテーニュ大通りが姉妹提携を結んだため、そのお祝い会でパリに行ったことにさかのぼります。

モンテーニュ大通りは、毎年9月にお祭りを開催しているのですが、9月はブドウの収穫時期なので〝ブドウ収穫祭〟ということで、通りに面しているお店が、店先の

歩道にブドウの装飾をしたテントを出して、ワインと一緒にカナッペなどのおつまみを提供して、道行く人に振る舞っています。

「これは面白いな」ということで、銀座でも画廊でそれをやってみようということになったのです。

画廊は夜9時半頃まで開いているので、夕方以降、各々の画廊でワインなどのお酒と軽いおつまみをお客様に振る舞おうというイベントです。

銀座の画廊が一斉に参加するので、他の画廊に見劣りしてはいけないと、みなさんおつまみにもこだわって、毎年、大盛況のイベントになっています。

美術館では飲食禁止ですから、画廊ならではの取り組みです。食事やお酒を楽しみながら、作品を見られるので、作品の新たな魅力を発見できる機会と好評です。

銀座には、いろんな魅力や特徴があるので、次々と新たなイベントが生まれていきました。

その中の一つが『銀茶会』です。その名の通り〝お茶〟をテーマにしたイベントです。

当初は、歩行者天国を活用して、露店を出して、世界中のいろんなお茶を楽しんでもらい、お茶に関連する商品を購入できる催しにしたかったのですが、歩道に露店を出す許可がなかなか下りず、露店は断念せざるを得ませんでした。

ただ、お茶というテーマは素晴らしいテーマなので、銀座通りの歩行者天国で、抹茶の野点《のだて》を行うことにしました。

毎年10月最後の日曜日に『銀茶会』を開催して、銀座一丁目から八丁目まで野点で抹茶を提供しています。2〜3畳の畳の上でお点前して、お客様には椅子に座って抹茶を楽しんでいただいています。

一回40人分の抹茶を何回かに分けて提供するのですが、大変な人気で、整理券を配って「何時にどこのお茶席に来て下さい」という形でご案内をしています。お茶もお菓子も銀座のお店が振る舞うということで、整理券もあっという間になくなってしまうほどの人気です。

当初の露店計画は実現しませんでしたが、形を変えて、銀座を代表するイベントになっています。

２０１６年（平成28年）で「銀茶会」も15回目を迎えますが、第１回目は、裏千家の支部の先生方にご協力いただいて開催することができました。

初回から大変評判が良かったため、翌年からは表千家も加わることになり、さらに武者小路千家や遠州流、江戸千家を習っている新橋の芸者衆や和敬茶道倶楽部なども参加して、年々、華やかさを増した催しになっていきました。

また、２０１５年（平成27年）に伊東屋さんが新しく造ったビルには地下スペースがあるので、特別席を設けて、東京藝術大学の先生の作品を展示しながら、学生による茶席お点前デモンストレーションを行うなど、独創的な取り組みもしています。

以前は、お茶が好きでお点前をされる方も多かったものですが、今はお稽古やお茶の先生を目指してお点前する方も増えています。お茶の嗜み方も時代によって変化していますが、『銀茶会』がお茶の世界に触れるきっかけになり、さらにお茶の奥義を追求する方が増えたら本望です。

しかし、この『銀茶会』も始める前は「抹茶を提供して人が集まるのだろうか」「趣味人や年配の人しか来ないのではないか」と懐疑的な声も多かったものです。それが今では、老若男女、整理券を配るほどの人気です。この現状をみても、やはりやってみなければ始まらないということです。

こうした〝和〟をテーマにしたイベントを催すことが、若い人たちにとって、日本の伝統文化に触れる機会になっていることも嬉しいことです。

伝統文化というと敷居が高いと思われがちですが、街中で気軽に楽しめるものなので、これを機に、興味を持つ方が増えたらなと思っています。

日本の伝統文化は奥が深く、知れば知るほど味わい深さが増してくるので、若い人たちにその魅力を知ってもらい、後世に引き継いでいってもらえたら幸いです。

銀座の統一感を維持する「銀座ルール」

銀座では、街の景観を守るため、建物を建てる際には「銀座ルール」に沿って建物が建造されます。

例えば、ギンザ・コマツのような敷地規模５００㎡以上の建物には、東京都の条例が規定する駐車台数の１・２倍の駐車スペースを確保する附置義務があります。

ギンザ・コマツの東館に駐車場を付けるとしたら、東館と西館の間を通る「すずらん通り」が駐車場の出入口になってしまいます。そこで、駐車場は西館に付けることにして、すずらん通りではなく、西館が面する「西五番通り」を駐車場の出入口にしました。

駐車場は、機械式の立体駐車場と荷捌き駐車場を含めて72台駐車できるようになっています。

また、駐車場は西館に集約されていますが、4階と7階に橋を通して、二つの建物が中でつながるようにしました。

これは銀座でも二つとないユニークな構造ですが、作業面でのメリットもあります。空中に橋を通しているだけでなく、地下にトンネルを通して、建物をつなげているので、西館で荷捌きをした商品を東館に搬入できるようになっています。

当初は、別館の地下フロアと地上3階から上のフロアを本館とつなぐ、銀座四丁目の三越さんの新館のようにしようかとも考えていましたが、そうなると、区の許可だけでなく、都の許可も得なければならないため、申請が難しくなることがわかりました。不可能ではないのですが、申請などの手続きで、建物の完成まで1〜2年余分にかかるイメージです。

ですので、すべて、区の裁量で決定できる範囲にしました。そのほうが建設もスムーズにいきますし、建物が完成してからも、何か変更をするたびに都まで行く必要もないからです。

実は今（2016年）、中央区の都市計画審議会の委員を務めており、中央区の街づくりや都市計画の審議に参加しています。

魅力的な街づくりには、みんなの合意が大切です。そのためにも「銀座ルール」は非常に大きな意味を持っていると感じます。

例えば、銀座ルールでは、建物の高さ制限があり、高さ56メートルまでの建物しか建てられないようになっています。

以前は、高さ31メートル、容積率の最高限度が８００％でしたが、２００６年に改定されて、高さ56メートル、容積率の最高限度も１１００％になりました。

現在（2016年）、松坂屋さんと森ビルさんが銀座松坂屋跡地の再開発を進めていますが、当初は高さ１７０メートルのタワーを建てる計画でした。

この計画を知り、銀座のみんなで相談して「そんなに高い建物は、銀座には似合わない」ということになり、再開発にもかかわらず、銀座ルールの高さ56メートルの建物におさめてもらいました。

みんなの合意を得て、納得のいく街づくりを進めていく。それが銀座の発展にもつながっていると実感しています。

銀座をまとめる「全銀座会」を設立

銀座には、「町会」、また、すずらん通りなど、各通りが入る「通り会」、その他、銀座のギャラリーなどが入る「業種団体」など、様々な会があります。

また、銀座通と晴海通りに面しているお店や企業が参加する「銀座通連合会」があります。

わたしは今、銀座通連合会の相談役を務めていますが、銀座通連合会は常務理事以上の役員に65歳定年制を設けています。

この定年制を作ったのが、父でした。

定年制を設ける前は、みんなで集まって、お茶を飲むだけの会になっていたので、父は「もっと若い人が参加して、物事を決めていかないと、組織が機能しない」と考えて、定年制を設け、理事長制度を導入しました。そして、若手の理事長を置くことでスピーディな決断と行動のできる組織にしました。

父は当時、銀座通連合会の会長でしたが、当時64歳だったので、発起人として、自らも会長職を1年で退きました。

会長は常務理事とは別なので、辞める必要はなかったのですが、模範を示すためにも、まだ身体は元気でしたが、会長職を退きました。例外を残すと、後がややこしくなるとの判断からです。

わたしも銀座の会の様々な職を務めさせていただきましたが、銀座をもっと発展させていくためには、町会や通り単位ではなく、銀座を〝面〟で考えることが大切だと考えています。

そこで、わたしが発起人として設立したのが「町会」「通り会」「業種団体」など、銀座のすべての会をまとめる「全銀座会」です。

全銀座会の委員は、あらゆる組織の長で構成されているので、全銀座会で決まったことは、銀座の会のみんなが承認したことになります。

全銀座会ができる前は、銀座で何かやろうとしても「これは通連合会がやっているから町会は関係ない」といったことが起きていました。

それが、全銀座会ができたことで、みんなを巻き込む体制ができました。物事をスムーズに進められるだけでなく、銀座が一体となって、より一層地域を盛り上げていけるようになりました。

銀座だけでなく、全国につながりを

個々の活動も大切ですが、人間同様、やはり街も〝つながり〟が一番大事なことだと思います。

全銀座会を作りましたが、それをさらに強いつながりにしていくことが重要だと感じています。

そのためには、店同士の関係を強めることも大切ですし、銀座だけでなく、その先の地域ともつながっていくことが重要です。例えば、京橋や日本橋、築地などとも連携していく必要があるでしょう。

これからの時代、日本経済を活性化させていくためには、都市と地方など〝つながり〟を強化していくことが必要です。

銀座には、各都道府県のアンテナショップがたくさん出店しています。個々の店の強化だけでなく、店舗が連携していけば、もっと面白い展開が出てくると思います。

わたしの祖先は長野出身なので、銀座五丁目の長野県のアンテナショップによく足を運びますが、店内はいつも非常ににぎわっています。

2階に商談スペースがあるので、スーパーなどのお客様を招いて、ビジネスも展開されているようです。

銀座を通じて、日本各地がつながることで、新たな発展が生まれていくことを期待しています。

第6章……日本文化に魅せられて

銀座に根付く江戸文化

銀座で事業をするならば……

アメリカの大学を卒業して、アメリカの石油会社フィリップスで仕事をしてきたので、付き合いもアメリカ人が中心でした。

ですので、40代後半までは、歌舞伎を数回観賞したことがある程度で、日本文化や邦楽に触れる機会もありませんでした。

ところが、１９８５年（昭和60年）小松ストアーの社長という職に就き、銀座のみなさんとお付き合いしていると、みなさんが江戸文化の中で生きておられることを感じました。

わたしも銀座で商業をやるからには、ある程度、江戸文化を理解したいと思うようになりました。

あるとき、そんなことをお座敷で話したところ、友だちが「小唄を始めたらどうか」

と勧めてくれました。

そこで、新橋の座敷で小唄の師匠を兼ねていた芸者が小唄を教えていたので、小唄を習い始めました。それが、邦楽との出会いでした。

そして、小唄をきっかけに、書道を始めたり、能楽を始めたり、日本文化に触れる機会が増えていきました。

また、日本文化を学ぶことで、交友関係も広がっていきました。

例えば、小唄を始めたことがきっかけで、2003年（平成15年）から「小唄酣春会《かんしゅんかい》」という会に入れていただきました。

「酣春会」は、産業界、政界、芸能界の小唄を楽しむ会として1955年（昭和30年）に誕生しました。

年に何回も例会を開き、三越劇場で会員が出演する「酣春会小唄まつり」や各派の小唄の師匠が出演する「酣春会推薦・各派名流小唄鑑賞会」を催し、今日まで活動を続けています。

「酣春会」の名前の由来は、日本画家の伊東深水さんが「春酣（はるたけなわ）」という言葉から名づけたそうです。

三越劇場で開催した第53回「酣春会小唄まつり」で小唄を披露（2013年）

「酣春会小唄まつり」で、会を代表して挨拶

故・田中角栄元首相は内閣総理大臣に就任し、関西歴訪を終えると、その足で赤坂の千代新に駆けつけ、例会に参加され「おせん」を唄われたそうです。

また、銀座五丁目にある創業１９４７年（昭和22年）の「相模屋美術店」の故・原田吉蔵さんも熱心に活動されていましたし、資生堂名誉会長の福原義春さん、新日鐵住金名誉会長の今井敬さんなども活躍されています。

江戸文化から生まれた小唄は、庶民によって支えられ、発展してきました。武家文化や欧州の王室文化とはひと味違う〝庶民の娯楽〟として、人情味や江戸っ子の見栄を感じさせ、江戸の文化の雰囲気を今の時代に伝えています。

江戸の文化の娯楽なので、唄う場所も、劇場よりお座敷のほうが臨場感が出てきます。最近は、花柳界を訪れる人が減り、将来を危ぶむ声も聞かれますが、愛好家が増え、花柳界や小唄が今後も受け継がれていくことを願っています。

日常生活で小唄に触れる機会は減っていますが、小唄の世界は、時代を超えて、人々の心に訴えてくるものがあります。

酣春会の活動を通じて、この粋な江戸文化を後世へと伝え残していけたらと思っています。

「銀座くらま会」発展のため、若手衆の「からす組」を設立

「銀座くらま会」の会員になったのも、小唄がきっかけでした。「小唄を遊びだけで終わらせてしまうのはよくないな」と思っていたところ、銀座三丁目のかねまつの兼松真澄さんに声を掛けていただき、２００５年（平成17年）「銀座くらま会（くらま会）」に入会しました。

くらま会は、邦楽をたしなむ銀座旦那衆の集まりで、銀座の住人、もしくは銀座で事業を営む人が会員になる、というルールがあります。

このルールの意味することは、銀座の旦那衆が一生懸命取り組んでいるという〝心意気〟を世の中に示したい、ということもあるのではないかと思います。

ですから、くらま会は、銀座が団結する一つの場所でもあり、この心意気を引き継いでいくことは大切なことだと感じています。

現在、くらま会のメンバーは20人弱ですが、年々会員数が減っている現状があります。

ピーク時は30人近い会員がいて、「クロネコヤマトの宅急便」の生みの親である小倉昌男さんも熱心に活動されていました。

残念ながら、わたしがくらま会に入会したのは、小倉さんが他界された後だったため、一緒に活動することはできなかったのですが、小倉さんが務めておられた築地警察署の警察談話会会長の後任を、わたしが引き継いでおります。

小倉さんのような偉大な方と同じようにとはいきませんが、一度始まった活動が途切れずに続いていくようにすることは、大事なことだと思っています。

その意味でも、くらま会も、もっと活性化させていかなくてはいけません。

そのためには、若者の活躍が欠かせません。

ただ、若い人が邦楽を始めようとしても負担が大きいですし、年一回、新橋演舞場を借り切って公演をするには、それなりのお金もかかるので、若い人たちが、それほど無理せずに、継続できるようにしていくことが求められています。

その方法を今、一生懸命研究しているところですが、大切なのは、わたしたち世代が考えるのではなく、これからを担う若い人たちが自分たちで考えていくことです。

わたしたちの役目は、あくまでも、その道筋を付けることだと思っています。

そこで、2012年（平成24年）から始めたのが準会員制度です。

銀座の若手に「どんな形なら会に参加しやすいか」を訊ねたところ、正会員になるのはハードルが高いけれど「みんなで一緒に舞台にあがるということなら、ぜひ参加したい」ということだったので、準会員の「からす組」をつくりました。

準会員なので年会費はないのですが、公演の開催費用をみんなで負担します。

現在、準会員約25人が舞台に参加していますが、演目が始まる前には口上もつけて大変好評です。

また、からす組のメンバーは若手が多いので、後ろ支えも、新橋の若い芸者衆をつけるなど、華やかな舞台になっています。

一度、舞台を経験すると、舞台の面白みに目覚めて「次もやろう」という気持ちになります。そのためにも、まず多くの若手に舞台を経験してもらうことが大事なことだと思っています。

くらま会の歴史を綴った「銀座くらま会90」

ところで、なぜ「からす組」なのかというと、「くらま会」の〝天狗《てんぐ》〟にちなんでいます。

そもそも「くらま会」とは、銀座の旦那衆ができもしない芸を〝天狗〟のように鼻高々に披露しているというところからきています。その〝天狗〟に京都の鞍馬天狗をかけて「くらま会」となったのです。

ですので、その弟分ということで〝烏天狗〟にかけて「からす組」と命名したのです。

くらま会もからす組も素人の芸ですが、後ろ支えは超一流という点が特徴です。人間国宝や新橋の芸者衆にも参加してもらい、舞台を華やかに盛り上げていただいています。

1919年（大正8年）に発足した「くらま会」ですが、震災や戦争などで、活動できなかった時期もあります。しかし、そうした苦難を乗り越え、2014年（平成26年）には、新橋演舞場で無事、90回目の公演を開催することができました。

次の世代に引き継いでいくためにも、90回公演を機に「銀座くらま会90」という本を作りました。

こうした形で記録を残していかなければ、くらま会の歴史がどんどん失われてしままいます。

１００年近い歴史のある会ですが、戦前の記録がまったく残っていなかったため、「銀座くらま会90」を作成するときも大変苦労しました。

現在、くらま会の会長を務めていますが、会長の任務は会を発展させ、永続させることです。そのためにも「からす組」を設立させ、「銀座くらま会90」を作成しました。

「邦楽の伝統の継承を通じて親睦を深め、銀座の商売の発展に資する活動にしていこう」という発足の理念を大事にしながら、これからも、銀座らしい一つの華として「くらま会」を咲かせ続けたいと思っています。

2013年（平成25年）の「銀座くらま会」出演者たちと。前列左から2人目はデザイナーのコシノヒロコ氏、3人目が小坂敬

「鏡の間」で別人格になり能舞台へ

邦楽を始めて、能楽にも興味が湧いてきました。能楽を始めて20年程ですが、能楽の奥の深さには感銘を受けるものがあります。

能楽はシテ方観世流能楽師の関根祥六《せきねしょうろく》先生に師事しています。

能楽のシテ役は、幕から舞台にあがる前に「鏡の間」という場所で、鏡の前に座り、面《おもて》をかけて、自分自身とにらめっこします。

最初は、素顔で鏡の前に座り、お能師さんたちに手伝ってもらい、面をかけます。その一連の動作で、自分が変化していく姿を鏡越しに見つめることで、だんだんと役に入り込んでいきます。

そして、お囃子も調べの演奏も終わり、そろそろ舞台、というところで、鏡の間を出て、幕の後ろに立ちます。

シテの演技というのは、幕の後ろに立ったときから始まります。そこから何歩で、どんな足の動きで、舞台に姿を見せるかが、すべて決まっているからです。

幕のところへ行き「おまーく」という掛け声を合図に、後見人たちが幕を上げて演技が始まります。

面を着けたら、ほぼ視界はありません。ですから、お囃子や太鼓がシテの動きを見て、演奏をします。

同じ曲目でも、シテによって足の運び方が微妙に違ってくるため、その僅かな違いを受けて、演奏をし、演目のリズムを作っていくわけです。

シテの謡《うたい》も人によって音程が違うので、それに合わせて地謡も謡います。

笛もシテのテンポに合わせて吹きますので、シテは笛の音を聞きながら舞っていきます。

つまり、シテがオーケストラの指揮者のようになり、一つの作品を動かしていくのです。

面白いなと感じるのは、同じ能楽師でも、その日の気分や体調によって演技が変わってくることです。

能楽は、メトロノームも楽譜もない世界ですが、それでも全体が統一されて〝間が合う〟のは、演じている皆さんがお互いに微妙に調整しているからです。

また、舞台の上での間の合わせ方と同時に、観客も含めた能楽堂全体の間合いを非常に大切にしているのが、能楽という芸能です。「鏡の間」で準備をしながら役に入っていき、別の人格として舞台に立つ。すると、舞台が終わって「鏡の間」に戻ってくるまで、別の世界にいっていたような感覚を覚えます。

その不思議な感覚も能の魅力の一つです。

オフィスの中の茶室と和室

ギンザ・コマツ西館6階の内装の壁には、窓のないところに窓を描いたりして、だまし絵のようなデザインになっています。

その壁の向こうには、小松ストアーのオフィスと和室の応接室、そして茶室があります。

だまし絵の裏に和室と茶室がある、このコントラストが気に入っています。

観世能楽堂で能「三輪」のシテ役を演じる小坂敬

2012年（平成24年）、ギンザコマツビル内につくった茶室「敬松庵」の茶室開きで。写真左から新菱冷熱工業代表取締役（当時）の加賀美郷氏、スルガ銀行社長兼CEOの岡野光喜氏、小坂敬、千宗室家元、伊藤園会長の本庄八郎氏

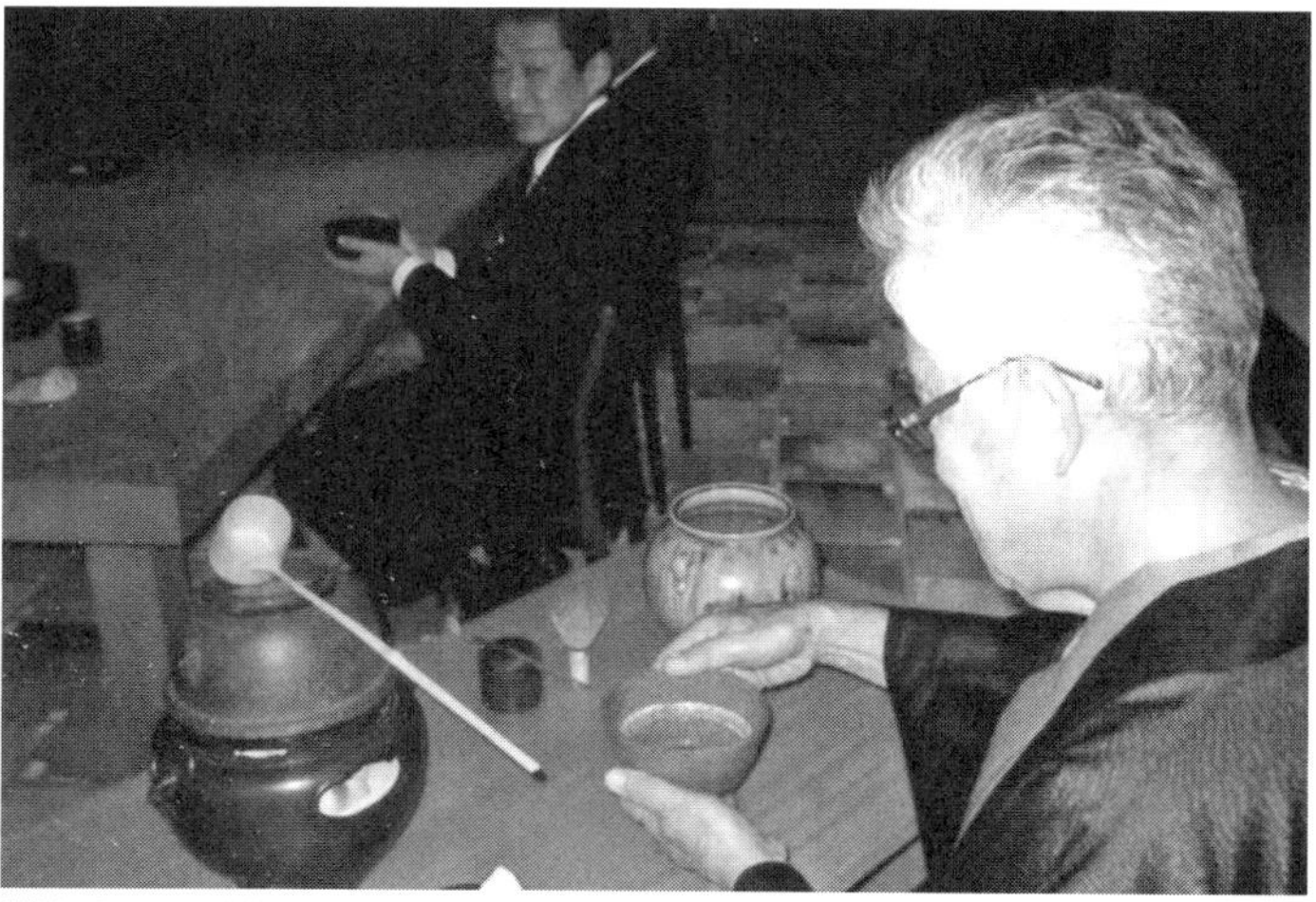

「敬松庵」でお点前

茶室には、裏千家の千宗室お家元が書いた扁額《へんがく》が飾ってあります。わたしの名前の〝敬〟を入れて「敬松庵《けいしょうあん》」と書かれています。

「敬松庵」は京都で「泰山堂《たいざんどう》」という銘木屋を営む村尾泰助さんと、数寄屋造りを得意とする棟梁との合作です。床には、信楽焼《しがらきやき》の登《のぼ》り窯《がま》の中に置く仕切り石を使っています。実際に、焼き物を置いた跡が丸く残っていたり、溶け出した釉薬《ゆうやく》が、また違った風情を醸し出しています。

また、木材は、「泰山堂」が探してきた、ずっと土の中に埋もれていた〝埋もれ木〟などを使っています。

わたしは、日本陶芸倶楽部の会員なので、自分で創った陶器を気分や季節に合わせて置いてみるなど、新旧、国内外を織り交ぜた品を飾っています。

「思い」の強さが作品の価値を決める

骨董品は集めてはいないのですが、ちょっと変わったものがあると「面白いな」と思って買っています。

お茶会で名の通った茶碗などが登場して、箱書きを見ると、いろんな歴史があり「す

裏千家老分で支部長なども務める。写真は2014年の「茶道裏千家淡交会／第45回東京地区大会懇親会」の様子。前列中央は福田康夫元首相

ごいな」とは思うのですが、その茶器が「自分の思いとどれだけ関連があるか」を考えるとあまりしっくりこない場合もあります。

お茶席とは「自分の思いを相手に伝える」場所なので、由緒ある作品でなくても、わたしの思い入れのある品で、お客様をおもてなしできたらと思っています。

近代作家の作品でも面白いものがたくさんあるので、自分の感性に合ったものを見つけていきたいと思っています。

以前の話になりますが、日本を代表する現代芸術作家の村上隆さんに、旧コマツビルを全館使って個展を開いてもらったことがあります。

まだ村上さんが今ほど有名ではなく、破格の値段で引き受けていただきました。有名、無名にかかわらず、村上さんの作品には力があり、非常に面白い個展となりました。

世間的な認知度ではなく、作家さんの思いがどれだけこもっているか——。それが作品の価値につながるのだと思います。

書道家には、80代、90代になってから、すごい字を書かれる方もいます。それまで何か足かせになっていたようなものが、年齢を重ねるにつれて外れてゆき、自由になっていくのかもしれません。そういう方の作品には、非常に惹かれるものがあります。

茶道が育てた伝統工芸

お茶の関係で、陶芸を始めたり、茶道具を入れる竹の茶籠も作りました。教室に三、四回通って完成させたのですが、旅行先でお茶を点てる時などに携帯用として使えたらと思っています。

こういう工芸文化においても、お茶の存在は大きいと感じます。

お茶によって、陶芸、漆器、蒔絵など、さまざまな工芸品が発展、発達しました。

これは、お茶をたしなむ権力者がスポンサーとなり、工芸職人は自らの技を磨き、作品を作ることで生計を立てることができたからです。千利休によって茶道が究められ、お茶という産業がピラミッド式に産業を発展させてきた歴史があります。

一つの文化を究めていくことを分業でやっていく。これは日本の産業の特徴でもあります。

例えば、自動車産業も下請けや協力会社があって成り立っていますし、電機産業も部品メーカーや化学メーカーの高度な技術が産業を支えています。

お互い「阿吽の呼吸」で物事を進めていけるのも、すごいことです。

お互いイメージするものがバラバラでは美しいものは作れません。分業であっても、それぞれの求める水準をクリアし、一つの製品として完成させるのも、日本人ならではです。

陶芸など、一人で作品を作るにしても、何かうまくいけば、さらにその上を目指していく。物事を追究する精神、道を究める精神が日本人にはあると思います。

千利休が使った竹の花入れに花を活けて……

東京国立博物館名誉館員の林屋晴三さんは、日本の茶道具の一番の目利きと言われていますが、その林屋さんとの最初の出会いは、お茶のお稽古でした。

林屋さんが「少し変わったお茶のお稽古をしよう」という企画を立て、それに参加したのです。

林屋さんは、ご自身が所有する有名な道具をたくさん持って来られて「まず花を活けることから入ってみよう」と言って、出されたのが、千利休が使った竹の花入れでした。

それを使って活けてみろ、というわけですが、わたしはまったくの素人なので、とんでもない活け方をして大笑いされました。侘び寂びの世界なのに、ボサッと活けて「茶の花は、そうじゃない」と一蹴されたのです。

大変な名器なので、中に水を入れるわけにもいかないため、乾いた状態の器に花を活けて眺める、というお稽古でした。

このお稽古が大変面白かったので、それから林屋さんとお付き合いさせていただくようになりました。

そして、その縁で、能楽を学ぶことになりました。

林屋さんが関根祥六先生のお弟子さんだったため、関根先生を紹介していただき、わたしのお能の稽古が始まったのです。

ギンザ・コマツ屋上に祀られる大神神社

足の裏から伝わってきたお山の力

わたしが小松ストアーにして間もなく、設備の担当者がビルの5階で脚立に乗って電球を換えていたところ、心臓発作で突然死したことがありました。

健康上の問題でしたが、ふと「お客様商売をしているのに、小松ストアーには神棚がない」ということに気付き、神棚があったほうがいいのではないか、と考えるようになりました。

そこで、どんな神棚を作るべきかを決めるため、神社めぐりを始めました。

銀座六丁目の管轄は日枝神社になりますが、父が、毎年必ず、神奈川県高座郡の寒川神社に初詣をしていたので、わたしも参拝に行ってみました。しかし、しっくりくるものを感じられずに帰ってきました。

そんな時、友だちが「一度、大神神社《おおみわじんじゃ》に行ってみたら」と提案してくれたので、数人で出掛けてみることにしました。

「三輪明神《みわみょうじん》　大神神社《おおみわじんじゃ》」は、奈良県桜井市三輪にある神社で、万葉集にも登場する、日本最古の祈りの場所ともいわれています。

初参拝は、東京都大田区にある漢方で有名な「漢方平和堂薬局」の先生、根本幸夫さんにご指導いただきました。

根本先生と三輪で合流して、根本先生のご指導のもと、三輪山登拝をしました。

夜参りから始まり、朝のご祈祷を経て、初めてお山（三輪山）を体験することができました。

最初から裸足が良いと言われたので、その通りにしたところ、足の裏から、お山の力を感じることができました。

頂上には、磐座《いわくら》があり、たくさんの岩が鎮座しています。おそらく、昔は重ねられていたのだと思いますが、１０００年、２０００年経つうちに崩れて、今の姿になったのだと思います。

岩を神様として祀っている日本ならではの自然信仰、また神道の精神には、崇高なものを感じました。

大神神社には拝殿はありますが、神殿はなく、拝殿の奥に鳥居があり、その鳥居の向こうに三輪山が見えます。三輪山がご神体だからです。

初参拝は、これから夏を迎える晩春で、天気も良く、非常に気持ちの良い時間を過ごすことができました。

お山の標高はそれほど高くないものの、勾配がきついため、天候によっては入山できないこともあります。登拝には体力がいりますが、皆さんのお気遣いもあり、大変気持ちよくお山を体験させていただきました。

この経験には非常に感じるものがあり、１９９２年（平成4年）三輪山をご神体とする大神神社の三輪の神様を小松ストアーの屋上で祀らせていただくことになりました。

そして、２０１２年（平成24年）の建て替えの際には、三輪の神様をお迎えしたいとの思いを宮司にお伝えし、寛大なご理解を賜ることができました。

本山は、お山がご神体で神殿は存在しないので、ギンザ・コマツの屋上も同じ様式になりました。

三輪の鳥居は独特で、中央の鳥居に左右の鳥居と三つの鳥居があるので、それと同じ鳥居を屋上に建てました。

1992年（平成4年）ギンザコマツビル屋上にお社が建てられた。
写真は2012年に三輪の神様をお祀りした時の様子

屋上でも春夏秋冬や自然を感じられる佇まい

また、社《やしろ》を建てることもやめました。本当は本山の土を盛って、神様として祀りたかったのですが、ビルの屋上ということもあり、石の囲いの中に土を盛って、榊を植えて鎮座していただくことになりました。

権宮司《ごんぐうじ》の鮫島さんと巫女さんにも来ていただき、ご祈祷をしていただきました。

ギンザ・コマツに参拝にくる信仰者も数多く

現在、大神神社の宮司をされている鈴木寛治さんは、以前、靖国神社におられた方で、わたしがフェヤーモントホテルの社長時代からお付き合いがありました。

わたしが麹町消防署の防火管理者研究会の会長を務めており、鈴木さんが副会長だったのです。ですから、火消し仲間という関係でした(笑)。

当時は、鈴木さんが大神神社の宮司になられるとは思っていませんでしたが、そうした縁もあり、鈴木さんに「ご神体を祀りたい」とお伝えしたのです。

社でしたら、お札を貼って祀る形になりますが、ご神体なので、権宮司にお運びいただいて、屋上に鎮座していただいています。

鈴木宮司からは「小坂さん、このご神体は自分がもらったと思ってはいけませんよ」

と言われました。わたしも、そうは思っていなかったので「大切にお預かりさせていただきます」とお答えしました。

大神神社周辺から今、たくさんの古跡が発掘されています。

それが纒向遺跡《まきむくいせき》で、邪馬台国があったのではないかとも言われています。

議論は別として、そこに大きな建造物があったことは間違いなく、そこに文明が存在したことは確かです。

京都が都になって以降、奈良は1000年近く、文化が密閉された〝真空状態〟の時期が続きましたが、今になってたくさんの遺跡が発見されています。

今も奈良の大神神社に通っていますが、そうしたことからも、三輪に行くのが一つの楽しみになっています。

最近、大神神社の信仰者が、増えているようです。

わたしが最初に大神神社に行った頃は、お山に登られる方が週末に40〜50人、平日はほとんどいない状況でした。

それが、最近では平日でも100人近い方が訪れ、週末になるとお山が渋滞を起こす混雑状況だそうです。

ただ、お年寄りの方が増えているので、三輪までお参りするのは大変だという人も多くなっています。

それが、ギンザ・コマツの屋上に三輪明神　大神神社ができたことで「都内でもお参りできるのでありがたい」とおっしゃる方もいらっしゃいます。

年に一回、権宮司を招いて、お祭りもしているので、都内の信仰者の方々にも喜んでいただいています。

すべては〝お預かり〟しているもの

大学で世界の宗教を勉強しましたが、日本の宗教は非常にユニークで面白いと感じます。

他の宗教との違いとして、根底にあるものは、日本の自然の美しさだと思います。

大神神社の神様がお山というのも、日本の自然の美しさから由来するのだと思います。日本人には「美しいものに神は宿る」という思いがあるように感じるのです。

海に行けば海の神が存在し、山を散策すれば、山に神様が宿っている。そんな感覚に陥ります。そして、美しい自然に包まれることに幸せや心地良さを感じ「守られている」という感覚を覚えます。

ですから、参拝も、神様に何かお願いをするための行為ではなく、神様に感謝申し上げるための行為なのではないかと感じます。

わたしも、何か大変なことが起きたときも「これ以上悪い方向にはいかなかった。これは、神様に守られているからなのだろう」と思います。

そういう意味では、いつも神様に近くにいただける環境は本当にありがたいことだと感謝しています。

神様への感謝の気持ちを抱いていると、仕事においても「権力があって仕事をしている」のではなく「お預かりしている仕事なのだ」と感じます。

その意味では、人間の命も預りものだと思います。

生きている間、命を預かっている。だからこそ、しっかり生きなくてはいけない。

また、預かっている命だからこそ、自分が生きている間、受け継いできたものを次に伝えていかなくてはいけない。

なぜなら、それらはすべて〝預かりもの〟だからです。自分の代で終わらせるのではなく、次の世代にバトンタッチしていく使命がわたしたちにはあるのです。

第7章……これからの小松ストアー

教育とイノベーション

若者に国籍不問で返済不要の奨学金を

日本はこれからどうなるのか――。どうすれば、日本が豊かで、魅力ある国であり続けられるのか。

先祖代々受け継いできたものを引き継ぎ、発展させていくためにも、現状を踏まえ、何をすべきか、しっかり考えていくべきだと思います。

今の日本は、少子高齢化が進み、生産年齢人口が減る中で、一人あたりの生産性の向上が問われています。

移民の受け入れなども議論されていますが、単一民族で、島国の中で育まれてきた日本文化を考えても、人口減をカバーするだけの多くの移民を受け入れることは考えにくい。

そうであれば、イノベーションによって生産性を上げていかなくてはいけません。

イノベーションを起こすために必要なものは、やはり教育です。そのためにも、日本の教育制度、特に大学教育は見直していくべきではないかと思います。

日本の大学は、入学のハードルの高い学校でも、卒業するのは簡単です。そのため、入学試験に合格して大学に入学した後は、アルバイト中心の生活で、授業には時々顔を出すくらい、という学生が多いのが現状です。

しかし、それは、やはり問題です。バイトなどに時間を割いても単位を取れば卒業できますが、学生の本分である勉強を怠って過ごしてしまっては、貴重な4年間がもったいない。

10代後半から20代前半は、人生において、もっとも伸びしろがあり、成長できる時期です。その時間を無駄に過ごして、イノベーションを生み出せなくなっては、何のための大学進学かわからなくなってしまいます。

わたしも奨学金を得たことで、大学時代は勉強に専念して、学校を卒業することができました。

わたし自身の経験を振り返っても、これから日本が成長していくためには、学習意欲のある若者に奨学金を与えて、学費から生活費まですべて提供して、勉強にのめり込める環境をつくっていくことも必要なのではないかと思います。

国は、高齢者施設の充実や子育て支援など、いろんな支援を打ち出していますが、そこからはイノベーションを生む種は生まれません。

イノベーションを生むためには、教育への投資が必要不可欠です。

とはいえ、教育への投資を無条件にすべきではありません。

税金を使う以上、成果をしっかり求めていくことが大切です。奨学金を1年間出して、最低ラインの結果を出せなければ、奨学金は打ち切りになる。それくらいの厳しさも必要です。

そうした競争の厳しさや学生の質の問題を考えても、わたしは日本人だけでなく、国籍を問わず、返済義務のない奨学金を提供して良いのではないかと考えます。

優秀な外国人が日本に来ることで、日本人の学生も刺激を受けて、より高い成果を出すことが期待できるからです。

グローバルな競争という現実を、若いうちから、ある程度、文化として身に付けていくことも必要です。

そうなれば、学生も専門分野の勉強だけでなく「語学の習得もしよう」という気持ちになりますし、教える側の教員たちも「語学を身に着けて、外国の生徒たちとのコミュニケーションを深めていこう」となるはずです。

日本にやってきた外国人留学生は、日本に残って、日本に関係する仕事をする人も多いので、彼らの活躍が日本のＧＤＰ（国内総生産）を拡大させることにもつながっていくと思います。

繰り返しになりますが、今の政府は、高齢者に3万円を配ったり、子育て支援にお金を使っていますが、教育への投資をもっと増やすべきです。

高齢者は医療費が増えるので家計の負担も増えますが、洋服や食費など、一般の消費は必然的に減っていきます。つまり、医療費は増えるものの、日本のＧＤＰ拡大には貢献できる部分が少ないのが現実です。

これからの日本を支えていくのは、若者です。若者にチャンスを与え、若者が活躍できる環境を整えるためにも、次代を担う若者への投資を厚くしていただきたいと思います。

本当の独創性を生み出せるのは24歳まで

学校だけでなく、企業にも可能性が埋もれています。

大企業には優秀な学生がたくさん集まりますから、大企業の中に、もっと個々のイノベーションを育てる空気があっても良いのではないでしょうか。

組織なのでルールが大事だといって、みんなを一つの規律に従わせて、あまり考えなくてもいい、という方針は修正すべきだと感じます。

わたしがフィリップスで仕事をできたことに感謝しているのは、若いうちから、いろんな経験をさせてくれたこと、そしてチャンスを与えてくれたことです。

若手の意見でも評価に値するものであれば、上層部に上がり、意見が採用されます。努力すれば、それがきちんと認められ、個人の意欲や能力を引き出す環境がありました。

こうした組織の違いを考えても、企業だけでなく、組織としての大学にも、個人の能力の発揮を妨げる風潮があるように感じます。

例えば、大学の研究でも、学生は、先生から課題を与えられ、学生はその課題に沿った研究を進めていきます。しかし、与えられた研究ではなく、研究テーマそのものを学生に自由に考えさせて、個々の能力を引き出していくべきです。

先生の研究スタッフとして学生を使うのではなく、学生から新しい考えを引き出していく教育にすべきです。

こう提言するのには、理由があります。それは、ミシガン州立大学で、先生に言われたことです。

それは「人間というものは、いわゆる本当にオリジナルな発明能力を持っているのは24歳までだ」ということです。

アインシュタインにしろ、ニュートンにしろ、偉大な発明家であっても、オリジナルな発明は24歳までで、それ以降は、24歳までに発明した発見の証明や追究になるということです。

世界を変える、まったく新しい発想、ブレークスルーを起こせる年齢は限られている。そこから先は、積み上げの人生ということです。

だからこそ、大学の4年間を無駄にしてはいけない。

アメリカの大学の授業で課される課題図書の量は、並大抵ではありません。一日では読み切れない量の課題を出されるので、学生は24時間開いている図書館で勉強をします。

しかし、若ければ、その課題をこなす体力があります。そして何より、感受性が強い青年時代、多くの情報に接することは、イノベーションを生み出すきっかけになるのです。

学生が学問に専念し、没頭できる環境を提供すること。また、若手社員が意欲を発揮できる場を設けること。そうしたことを学校も企業ももっと真剣に考えていくべきだと感じます。

何のために働くのか

仕事とは美学を追究すること

30年近く経営者として仕事をしてきて、わたし自身、どう組織を活性化すべか、考え続けてきました。

すべてではないですが、経営者は基本、社員から上がってきた情報で経営上の判断をします。それは、正確な情報があって、正しい判断が下せるわけです。ですから、わたしが喜ぶようなことや良いことばかりを報告されても困ります。

わたしが間違えた判断を下さないためにも、良いか、悪いか、社員が自分で考える。それが大事なことなのです。

自分で考えて仕事をすることは、経営者でも、社員でも、仕事をする人間にとって共通の使命です。役職にかかわらず、仕事の本質は変わりません。

では「人は、何のために仕事をするのか」——。

わたしは、そこには美学が存在すると思います。

売上げ追求だけでは、美学も何もなくなってしまう。儲け話ではない、生き方としての美学を追求することに、人は生きる喜びを感じるのではないかと思うのです。

お金儲けだけなら、ないものを手に入れるという原始的な話で終わってしまいます。けれども、人間には、それを超えた何かがあるはずです。

つまり、精神的な満足感を求めていく。その満足感をどう高めていくか。これが、人間が生きるということではないかと考えます。

しかし、この満足感は一人では得られません。社会で生きる人々が、互いに満足感を高めていくことが必要です。

だからこそ、仕事においても、人間関係が重要ですし、その前提である個人がより良い仕事をするための〝追究心〟を忘れてはいけません。

追究する精神が新境地を拓く

日本語には「道を究める」という言葉があります。

落語でも、師匠から教えを受けたら、それをそのままやればいい、ということではありません。

「お客様をさらに楽しませる落語とは何か」――。それを自分なりに究めていく。その姿勢が道を拓いていくことにつながります。

例えば、桂文枝《かつらぶんし》さんの落語を聞いていると、探求心をひしひしと感じます。お客様を前に落語をしながら、さらにその上の落語を追求している。つまり、走りながら考えているわけです。そこから飛び出すアドリブには、有無を言わさぬ迫力があります。それは、絶え間ない探求心を抱き、常に考え続けているからこそ生まれるものなのだと思います。

通常の仕事でも、覚えたことを作業としてやっているだけでは、新たな価値が生まれてくることはありません。それでは、達人の境地に達することはできません。

自分で考え、さらなる価値を生むためにも、常に追究し続けることが必要なのです。落語家のように、一人で道を追究する仕事だけでなく、みんなで力を合わせて仕事をするときにも、同じことがいえます。

例えば、オーケストラの指揮者と演奏者の間でも、同じことがいえます。指揮者が「こう指示するから」ではなく、演奏者自身も「指揮者はこう指示をして、こんな演奏をしたいのだろう。それを実現するには、自分はどう調整すべきか」と自分で考えることから、素晴らしい演奏が生まれてくるのです。

人は、一人では生きていけません。仕事をする上でも、何かを達成するためには、個人と組織が目標に向かって互いの力を出し合い、調和することが必要です。

兄弟の役割分担を明確にした新事業

父の代から始まった小松ストアーですが、わたしの代で新たな小松ストアーの方向性をつくることができたと思っています。

ただ、これから何か新しいことを始めるには、年齢的な限界があります。これからの小松ストアーを創っていくのは、次の世代です。

そこで今、二人の息子へ、経営をバトンタッチすることを考えています。

二人とも、現在、取締役として働いていますが、今年（2016年）は、しっかり役職を付けて、各々の仕事をしてもらいたいと考えています。

長男の奨が管理部門を見ており、外回りが好きな次男の誓は営業関係を任せています。

各々の個性を活かして、仕事をしていますが、これからの小松ストアーのあり方は、二人でよく考えて決めていけばよいと思います。

ギンザ・コマツという銀座の建物がありますから、その環境を活かして何をするか、どう料理するか、二人で議論して決めることが最善です。

小松ストアーの創業の理念や精神、哲学はしっかり伝えてきたので、それを念頭に、どうするか。息子たちがどんな方向性を決めるのか、父であるわたしにとっても楽しみなことです。

経営者の中には、兄弟に経営を任せることに不安を抱く方もいると思います。肉親だからこそ、関係がこじれると修復が困難ですし、経営権を争うということが起きないとも限りません。

けれども、うちは、もうそのステージを超えたと判断しています。

というのも、すでに、各々の役割分担について、兄弟二人が納得のもと、仕事をしているからです。

それは、数年前、次男が始めた新事業がきっかけでした。

活発な次男は新しい事業を始めたのですが、長男はそれに反対しながらも、黙認していました。ただ、お互いの考えが異なるので、一時、非常に険悪な仲になってしまいました。

長男が「おまえは、とんでもないことをやっている」と言えば、次男は「なぜ、そこまでやってはいけないのか」と議論が平行線をたどり、折り合いを付けられない状況になってしまったのです。

ただ、その新事業は必ずしも完璧なものではなく、非難されても仕方がないという部分もありました。

次男が立派だったなと思うのは、新事業の問題に自分で気付いたことです。人間、自分の非を認めるのは難しい。しかも、自分にある程度の権限があれば、なおさらです。しかし、次男は、自分から「この事業はやめる」と決断して、しっかり自分で後始末も行いました。

次男は、この経験で大きく成長しました。事業は始めるよりも、撤退するほうが大変です。

けれども、その中で、その事業をしっかり閉じ、けじめをつけて、兄弟の関係も修復しました。

そして、長男が全体を引っ張り、長男が助けを必要とする部分を次男が補う。今、二人は、その精神で、文字通り二人三脚で経営にあたっています。

不透明な時代でも辛抱づよく……

雨降って地固まるということで、雨が降って良かったと思っています。それがないままでは、やはり心配もありました。

わたし自身、父に「ああしろ、こうしろ」と言われたことはないですし、進路や就職、跡継ぎについても何も言われませんでした。

ですから、兄弟の問題についても、わたしは口をはさまず、「こう考えてみたらどうか」というような提案程度で、二人のやりとりに任せていました。

思えば、意見ではなく、提案という形で後押しするのは、母が父を支えていた形に通じるかもしれません。

次男が事業を撤退させるときも、わたしは一切手を出しませんでした。ですから、次男は自分で弁護士を探し、自分の責任でしっかり事業を閉じました。

運が良かったなと感じるのは、次男と弁護士の気が非常に合ったことです。

弁護士も次男に対して「ここで手を抜いたから駄目だったんだ」と耳の痛いこともしっかり指摘してくれました。次男も、その指摘を真摯に受け止めていました。このステップを踏んだことで、次男は失敗を次の成功につなげる経験にできたと思います。

これが、親に勧められてやったことならば、こうはいかなかったと思います。親が口を出していたら、うまくいかなったときの矛先が、自分ではなく、親にいってしまうこともあったからです。

新事業の開始も、手じまいも、弁護士探しも、すべて自分でやったからこそ、自分の責任として受け止め、人生の糧にできたのです。

四つ年の離れた兄弟ですが、お互い大人ですし、しっかりやってくれると確信しています。

長男が経営全般を見て、しっかりカジ取りしながら、次男は新しいことを考えながら、国内だけでなく、海外も絡めた展開を見据えて、国内外を走り回っています。

今は、時代の変化が激しく、明確な正解が見えづらい時代です。何を選択すべきか、苦労することもあると思います。

そのためにも、まずはしっかり情報を収集して、現状を把握し、正しい決断をしてほしいと思います。

わたしがいろいろな方からアドバイスをいただいて、最善の道を選択しようと努めてきたように、いろいろな方に、いろんな角度からアドバイスをいただけるような環境を作っていってもらえたらと思います。

大変な時代でもありますが、その中でも「辛抱強くやれよ」というのが、わたしからの二人へのメッセージです。

こだわりのない人生を

本来無一物の精神で

毎日、毎日を大事に過ごす。大切な一日であることを考えて、今は生活しています。

そう思うと「何が、本当の人間の幸せなのか」を考えざるを得ません。

一つのことにこだわることが、果たして幸せなのか。わたしは「そうでなくても良い」と思っています。

ですから「こうでなくてはいけない」と言ったことは念頭に置かないようにしています。

毎日の生活のパターンがありますが、違うことがあっても良いだろうと。

生きていくにも「これがなければ生きていけない」というのではなく、何もなくても生きていける。そんな考えでいます。

禅でいう「本来無一物《ほんらいむいちもつ》」ですね。

着るものがなければ寒くて困りますが、有名ブランドの高級品でなければいけない、とは思っていません。

江戸時代後期の禅僧で、詩人、歌人、書家でもあった良寛和尚は、越後の庵に住んでいました。長岡のお殿様が貧しい暮らしをする良寛和尚を見て「お寺をお任せするので、そこの和尚になってください」と提案するのですが、良寛和尚は「焚くほどは風がもてくる落葉かな」と言って断ります。

食べていけるだけのちょっとした米があれば、米を炊くための燃料は風が落ち葉を運んでくれるので、今のこの生活で十分です、と言ったのです。

モノがなくても、精神が豊かであれば、幸せに生きていけるということです。

世の中を見ても、事業を成功させて資産を形成し、豪邸をつくっても、果たして、それが幸せなのか、疑問です。

周りの人たちが「すごいですね」と言っても、それが自分にとって、どんな意味があるのかと思うのです。

父も母も姉も、あまりモノにこだわらない性格でした。そうした家庭環境も影響しているのか、物質的な豊かさだけに幸せを感じることはありません。

何か使えるお金があったとしても、モノを買ったり、自分のために使うというよりも、世の中のお役に立てることに使えたらと思っています。

例えば、若い人が夢を抱いて、何かやりたいことがあるのに資金的な問題で実現できていないのならば、彼らの支援ができたらなと考えています。

こだわりのなさが融合と共存を生む

日本文化に触れるようになったのは、小松ストアーの社長に就任し、銀座で仕事をするようになってからですが、年を重ねるごとに、日本文化の奥深さを実感することが多くなっています。

例えば、幼稚舎時代の同級生で、目黒の高福院の住職をしている川島宏之くんが書いた空海の本を読んだのですが、難しい内容ですが、非常に興味深い本でした。

仏教は本来、言葉で表現できない世界ですが、空海はそれを、みんなが理解できるように研究を重ね、真言密教を説きました。

言葉で理解できない部分を修行によって理解する方法を編み出したわけです。

また、神道とお寺、つまり神様と仏様を違和感なく融合させた日本の宗教に対するユニークな感覚に感心します。

日本の神様はお山であったり、巨木や巨石であったり、建物を建ててお祀りするものではなかったそうですが、仏教の伝来によって、お寺という建物をつくるようになり、神道でも神殿や拝殿をつくるようになったと聞きます。

この違和感のない融合は、日本人の精神性にも通じると感じます。三輪山もお坊さんが袈裟を来て登っていますが、神様にも仏様にも敬意を抱く。こうした〝こだわりのなさ〟に魅力と同時に共感を覚えます。

その意味では、日本の歴史は、融合の歴史なのだと思います。海外から入ってきた思想や文化を取り入れて、融合させていく。

拒絶したり、排除するのではなく、融合させて、共生させてしまう。

この融合の思想は、グローバル化が進む世界において、大きな役割を果たすことができると思います。

世の中の平和、世界の平和のためにも、寄与できるものになるはずだと思うのです。

こだわりを捨て可能性を無限大に

これから、ますます世界はグローバル化していきます。

その中で「どうやって信頼度を上げていくか」が重要になってきます。

信頼を得るためには、努力が必要です。

相手を理解するために、異なる文化を学び、今まで知らなかった世界を知ることが必要です。そうすることで「何が本当の真実か」見えてきます。

つまり、歴史や文化、民族や国籍を超えて、人として何が大切なことか、何が正しいことかもわかってきます。

そうすると、認識の違いや考え方の違いを超えた、人間関係を築くことができるのです。

また、この過程で大切なのは、物事を目隠しして判断したり、事実から目をそらしてはいけないということです。

きちんと現実を見たうえで、私心やこだわりを捨てて判断すれば、必ずや、信頼度を上げていくことができると信じています。

こだわりに囚われる――。

これが人間でもありますが、こだわりから解放されるための鍛錬を重ね、努力し、道を究めていくことが、今を生きるうえで大切なことだと感じます。

わたしが初めて奈良の大神《おおみわ》神社を訪ね、神様と接するときに思ったことは「こだわりを捨てるべき」ということでした。

自分がこだわっていることは、なるべく解きほぐしたほうがいいということです。

例えば、体調がおかしいとき「何か病気に違いない」と思って、本当に体調が悪くなってしまうことがあります。一方で「自分が病気になるはずがない」と根拠のない自信にこだわり、手遅れになってしまうこともあります。

こだわりに囚われて、真実が見えなくなり、自分を不幸にしてしまうことがあるのです。

わたしは、これは人間関係でも同じだと思っています。

「相手はこういう人だ」と思い込むと、本当に、相手もそういう人物になっていくのではないか、と思うのです。

自分の思い込みに囚われて、相手に求めるものまで限定されてしまい、自ずと、自分の思い込みと相手の人物像が重なってしまうのです。

また「こういう人物だ」と決め込んでしまうと、その印象が強くなってしまい、相手の別の一面が見えなくなってしまうこともあります。

良い面があるのに、それに気付かなくなってしまうのは、もったいないことです。

仕事では、いろんな人との付き合いを求められます。

そういう場合、「この分野では、一緒に仕事をするのは大変だけど、また別の仕事なら、大きな成果を出せるかもしれない」ということもあるはずです。

こだわりを持ちすぎて、可能性を摘んでしまうのは、自分の生きる世界そのものを狭くしてしまいます。

これからも、こだわりに囚われず、一日一日を大切に、新たな発見、気付きを得ながら、可能性を広げ、日々、過ごしていきたいと思っています。

相手の幸せが自分自身の幸せに

今こそ、世界が共存する道を

人間、生きていると、どうしても自分中心に考えてしまうところがあります。

しかし、「自分のために」ということばかりを考えて行動すると、視野が狭くなり、結果として、人としての器が小さくなってしまうように思います。

逆に、相手の立場を考え、相手を思いやり、すべては〝預かりもの〟と捉えれば、発想が豊かになり、自分自身もより充実した人生を送れるのではないかと考えています。

日本人は、世界の中でも〝譲り合い〟の精神が強い国民といえます。子どもの頃から、そう躾けられているので、自然とそう振る舞えることも多いと思います。

しかし、その日本人でも「これは自分のものだ」と思い込み、足を踏み外してしまうことがあるものです。

特に、80年代のバブル経済の頃は、地価が上がり、「日本を売れば、アメリカが四つ買える」といった話も登場していました。謙虚さを美徳とする日本人が、そこまで横柄になり、相手への思いやりを忘れ、自己中心的な発想になっていたのです。

東西冷戦が終結し、新興国の経済成長やインターネットの普及などによって、世界は今、急速なグローバル化を遂げています。

また、その一方で、民族紛争など価値観の違いによる争いや、若者の貧困や格差などが引き金となり、ＩＳＩＬ（イスラミックステート）などのテロ事件も悲惨さを増しています。

こうした不安定な世の中だからこそ、世界が共存する道を考えていかなければならないと強く思います。

アメリカでは、大統領選に立候補している共和党のドナルド・トランプ氏が一部の国民から人気を集めていますが、トランプ氏の発言は、街（世界）にたくさん家（国家）が並んでいるけれど「自分のところだけが良ければいい」という発想です。

対立構造をあおることで、自らの支持獲得につなげていますが、自分の利益のみを追求しても、必ずどこかに〝ひずみ〟が生じてくるものです。

もちろん、守るべきものはありますが「自分さえ良ければ、相手がどうなってもいい」という発想では、相手の立場でも、同じことが言えることになります。これでは、議論が平行線をたどり、折り合いをつけられず、争い事に発展してしまいます。

人類がもっと大人になって、自分だけでなく、相手のことを考え、周りもみんな良くなることで全体が良くなっていく。そういう世界を目指していかなくてはいけません。

これは何も、遠い世界のことだけではありません。

身近な問題を考えても、子どもの声を〝騒音〟と捉えて、保育園の設立に反対する住民が増えています。子どもの頃は大きな声をあげて遊んでいたにもかかわらず、「自分のところさえ良ければいい」という発想で、そういう主張をするわけです。

世の中が進歩する中で、人類が自己中心的になり、前時代的で、排他的な流れが出ていることを非常に残念に思います。

この状況を打開するためにも、歴史を学び、そこから得られる普遍的な教訓として「全体が良くなることが自分の幸せにもつながっていく」ことを再認識すべきです。

商売でも、何かうまくいったのならば、自分ひとりだけで事業を成長させたのではなく、全体が良くなって、自分も成功したということです。

どんな産業でも競争によって、より良いサービスが生まれるものですし、多くのプレイヤーが参入することで市場が拡大していきます。そして、商品を支持してくれるお客様がいるからこそ、事業は成り立ちます。

そう考えると、みんなの幸せを考えることが成功への道筋です。これは商売に限らず、国であっても、一人の人間の生き方としても同じです。

企業も利益追求は必要ですが、儲け至上主義では成長にも限界が出てきます。「何のために儲けるのか」を今一度考えて、事業を展開することが、企業が永続するためにも必要です。

お客様から〝お預かり〟した依頼を、お客様が喜んでいただけるよう、しっかり仕上げてさしあげる。それが仕事なのだと思います。

お客様に「ここに頼めば間違いないし、一番安心できる」と信頼していただけたら、次の仕事の依頼もいただけますし、口コミによる新規顧客の獲得にもつながっていくはずです。

商売も社会も、そうした〝信頼〟の積み重ねで成り立つものです。そして、信頼とは相手の立場になって、相手のことを考えることで醸成されていくものなのだと思います。

譲り合いの精神を持つ日本人だからこそ、世界の人びとと信頼関係を築き、この不安定な時代に共存の道筋を描いてほしいと願っています。

ライバルの知恵も集めて市場を開拓

一人の成功は、わずかなものです。しかし、それがみんなの成功になれば、より大きな成功となって、自分自身に還ってきます。

例えば、アメリカの電気自動車メーカーのテスラが、自社が持つ特許をオープンにしています。これも自社で特許を抱え込むのではなく、オープンにすることで、電気自動車市場を拡大させ、自らも成長できると見込んでのことです。

わたし自身、フィリップスで働いていたときに、それを実感する出来事がありました。

『Ryton R（ライトン）』という高機能樹脂を日本で販売するため、各社の知恵を集めて、売り方を考えたのです。

耐熱性があり、熱を加えても形が変わらず、寸法精度が非常に高く、強度もあるのがライトンの特徴です。けれども、その特性のため、加工が難しく、お客様に商品を買っていただくためには「商品の使い方」を提案することが必要でした。

今まで世の中に存在しなかった、新たな素材の特性を一番よく知っているのは素材メーカーです。その素材の魅力を伝えるためには、お客様のニーズを汲み取り、どんな価値を提供できるか示すことが不可欠です。

けれども、フィリップスだけでは、発想に限界があります。そこで、「ライトン会」という研修会を設けて、全国からライトンに関心のある人たちを集めて、講演をしたり、応用研究の発表をしたり、みんなで情報を共有して、解決策を模索していきました。

ライトン会では、競合同士が同じ場所に席を並べていました。

例えば、ある機器メーカーに部品を納めている加工メーカーが2社いたとします。加工メーカーにとっては、自社の技術がもう1社に漏れたら、自社の受注を取られてしまう可能性があります。

けれども、そうした競合相手でも、あえて一緒になって研究を進めていました。なぜなら、そのほうが早く解決策を見出すことができ、お客様も喜び、市場も広がるからです。

その広がりを考えたら、1社で技術を囲い込むよりも、オープンにするほうが、果実がより大きくなります。

このように、慈善的な考え方でないとしても、みんなのことを考えた事業は、最終的に自分の得にもなるわけです。

これは1000年前でも同じことです。

自分の農地を守るために水源を独り占めするよりも、灌漑の整備をすることで、今まで以上に米の収穫を増やすことができる。

独り占めするよりも、みんなで水源を有効活用する方法を考えたほうが、大きな成果として還ってくる。それが世の常ですし、その考え方を持つことが、大切なのだと思います。

ちなみに、ライトンは今、自動車のエンジン周りなどに使われています。そこに至るまでには、お客様と一緒になって研究を進め、市場を開拓する努力があったのです。

〝仲間〟であるテナントを招いた研修旅行

現在、小松ストアーは自営の小売りは手掛けず、テナントさんに場所を提供していますが、自営で小売りをしていた時代から、小松ストアーのビルで商売をする方々は「みんな仲間」だという考え方できました。

ですから、会社主催の研修旅行には、テナントの方々も招いて、一緒に出掛けていました。

会社の懇親旅行というと、バスを借り切って、大勢で温泉に行くのが定番ですが、この形式ですと、行きのバスでお酒を飲んで、旅館に着いた頃にはできあがって、懇親どころではない、ということになりがちです。

お酒の苦手な人や弱い人もいますから、場の空気を乱してしまっては、何のための旅行なのかわからなくなってしまいます。

そこで、小松ストアーでは懇親旅行ではなく、研修旅行として、社員とテナントさんで旅行を兼ねた研修を行ってきました。

旅館に着いたら、まず研修があるので、行きのバスでお酒を飲んでも、酔っぱらうまでは飲まないという自制も効きます。

かえって適度なアルコールでリラックスできるので、職場ではしない話もできて、良いコミュニケーションの機会にもなります。

研修の後は、表彰会などを含めた宴会を開くので、みんな気持ちよく食事とお酒を楽しめます。

それから、わたしが研修旅行でこだわったのが「勉強できる旅行にしよう」ということです。

そこで、宿泊先も「湯河原の一番良い旅館」など、一流の場所を選びます。ただし、開催日は閑散期の2月などにすることで、リーズナブルな価格で、一流旅館のサービスを受けられるようにしました。

大人数で利用するので、費用を安く抑えるのも、腕の見せどころなわけです（笑）。旅館にとっても、稼働率が上がるのはありがたいことです。たとえ価格を安く抑えても、老舗旅館には看板がありますから、料理からサービスまで、しっかりしたものを提供してくれます。

昼食も、観光施設に行って、みんなでお蕎麦を食べるだけでは味気ないので、箱根の富士屋ホテルのダイニングでお昼からワインを飲みながら昼食を取るなど、贅沢なプランを考えました。

一流の場所を選ぶと、ダラけることなく、サービスもしっかり堪能できるので、仕事にも活かすことのできる経験につながります。

また、社員だけでなく、テナントさんもお招きすることで、仲間としての結束力が強くなります。不思議なもので、一緒に旅行した後、何かイベントを開催すると、テナントさんがとても協力的になってくれます。

仲間を増やすことで、協力者も増えます。一人よりも、みんなの力を結集することで、幸せをより大きくしていくことができるのです。

銀座から共存共栄で発展する世界を

小松ストアーの事業も銀座の取り組みも、すべて「相手の立場に立つ」「相手を思いやる」というところから出発しています。

わたしは裏千家に入門していますが、千利休のお茶の世界も「相手とどうやって触れ合うか」というところから始まります。つまり〝ふれあい〟のお茶なのです。

明治神宮で開いた濃茶席でお点前する小坂敬（写真左）。正客は、千宗室お家元

どこかで作ってきたものを出すのではなく、目の前で作ったものを提供する。ですから、お茶を提供することそのものに、いろんな意味が込められているのです。わたしは、この精神が、お茶の面白さだと感じています。

日枝神社の献茶式に参加して、施主として一席設けたときも、どんなお菓子を提供しようか、どんな茶器でおもてなししようかと、あれこれ考えました。

日枝神社という場所柄、提供するお菓子は、ご夫婦で経営されている赤坂の「塩野」という和菓子屋さんにお願いしました。いろんなお題を挙げてアイディアを出してもらうなど、献茶式に参加してくださる方々の反応を想像しながら、サンプルを試食するのも楽しいひとときです。

総勢７００名近い方にご参加いただきましたが、施主として、お話をし、おもてなしをさせていただく際も、常に念頭にあることは「相手の立場に立って」ということです。

小松ストアーは２０１６年、創業70年を迎えました。

銀座六丁目のこの土地で、戦前は松本楼、戦後は小松ストアーとして、商いを続けてこられたことには感慨深いものがあります。

小松ストアーは、戦災で焼け野原になったところからのスタートで、戦後日本の復興とともに成長してきました。

時代が変わり、世の中も変わる中、ここまで事業を続けてこられたのは、自分たちだけでなく、みんなで発展することを大切にしてきたからだと自負しています。

銀座で１５０年近く商売をしてきたこともあり、銀座には愛着があります。これからも時代とともに変わりゆく銀座に、今も強い関心があります。

ぜひ、若い方たちに頑張っていただき、銀座を末永く発展する街にしてほしいと願っています。

わたしたちの世代が、先代が築いてきたものを受け継ぎ発展させてきたように、何かを独り占めしようという発想ではなく、みんなが幸せになることで、共存共栄して発展してゆく世界を、次の世代が銀座から発信していくことを期待しています。

エピローグ

形より中身――

アメリカ留学が決まり、それまで英語の勉強はしていなかったので母はわたしに英語を習わせるため、英語の先生のお宅に通うように取り計らった。この先生は東大で教えておられたイギリス人で俳句の研究をなさり、英文の俳句について本を何冊かお書きになられていた。R・H・ブライス先生のご自宅に伺って教えて頂くことになり、先生は私に対して文法を教えるなどはせず、いきなりワーズワースの〝DAFFODILS〟（水仙）の朗読とその暗記から始めた。また、部屋の花瓶に活けてある花と盆栽を比べてそれぞれどの様な魅力があるかなど英語で質問をされ、それの問答に時間を費やした。今でも、春にイギリスの城の土手に咲き乱れる黄水仙を見てワーズワースの詩とブライス先生を思い出す。

当時、母がこの先生を選んだ理由は分からなかったが、後になってみて、何となく分かる気がする。母は単に英語を語学として習うのではなく、英語を通して物事の本質をつかむことをわたしに体験してほしかったのだと気が付いた。この年になっても本質が掴めずに悩んでいるが、絶えずそれを知ろうという気持ちは母に植え付けられたと思う。

本質といっても、自分自身の本質と、周りの本質とでは考えが違う。自分自身については悪くは考えたくなく、何となく自分をよく見せようという心理が働く。自分自身を中心に考えると、自分を持ち上げるために何気なく周りを批判してしまう。そこでもう一度考え直し、客観的に自分を見直し、他の人の意見ではなく、自分自身として自分の何を本当に大事にしたいのかを深く考えるのが必要であることをそれとなくブライス先生に教えてもらったのだと思う。本質について整理しないで考えると、理屈に屁理屈が重なり本当に大事な事が分からなくなる。何かを守らなければと言うこともあるが、何のために守るかをしっかり考え抜き、心を込めて見極めができればそれに命を懸けても納得できる覚悟ができるはずだ。自分自身の大事なものは意外と複雑ではない、分かりやすいものではないか。それをこねくり回している間に何が何だか分からなくなってしまうと思う。

大事な事を鮮明に捉え、それを踏まえて、世の中に柔軟に対応すれば人生を滑らかに楽しく過ごすことができると悟るようになった。柔軟に対応することは決して風見鶏になることではない。自分の一番大事なところを不動の支点とし、その支点からは柔軟に空気のように周りを包むことではないのか。

母に言葉で言われたことはないが、後から考えて見ると、母が示した方向づけで、その場しのぎではなく、より深いものを見出す習慣を知らぬうちに教えてもらったのだと、今になって考える。

こだわりは良くないとの教えを大神神社で感じたが、自分自身の本質を大事にするこだわりはあって当然と思う。しかし、このこだわりは自分の方向づけとなるものであっても、考えを制約するものではない。自分の本質であるはずのところを置き去りにして、瞬間的な喜び、悲しみ、痛みにだけに心を捕らわれる、あるいは、自分を見せびらかす、自慢する、認めてもらうなどのためにこだわるのは筋違いではないか。自分の本質を見失ったこだわりは、自分の周りを見る目も狂わせ、世の中が歪んで見えてくる危険がある。

プライドも自分の本質とずれてしまうと、自分でも分からなくなる。糸が切れた凧のようなプライドではプライドのためのプライドになってしまうのではないか。

自分の本質を自信をもって把握し、世の中の神髄を理解し、行動を続ければ如何なる困難をも乗り越えることはできると思う。本物と偽物を見極め神髄を掴めば必ず道はある。

母の教えを思い出しながら、これからも、残りの人生を、中身を大事にしながら楽しく生きていきたいと思う。

２０１６年６月吉日　小坂　敬

著者略歴

小坂 敬 こさか・けい

1937年9月東京生まれ。60年米国コルゲート大学卒業、62年米国ミシガン州立大学大学院卒業、同年米国フィリップス・ペトローリアム・カンパニー入社。昭和電工との合弁会社など関係会社勤務を経て、日本法人社長に就任。85年小松ストアー社長に就任。現在、(公財)千鳥ヶ淵戦没者墓苑奉仕会理事、(一財)今日庵理事、裏千家老分、中央区都市計画審議会委員、築地警察懇話会会長、(一社)中央区都市整備公社評議員、(一社)銀座通連合会相談役、祥の会(関根祥六、関根祥丸後援会)会長、銀座くらま会会長、酣春会世話人、(医)明和会理事、日枝神社大総代などを務めている。

日本に生まれ、米国で育ち

銀座に生きて

2016年6月24日　第1版第1刷発行

著者　小坂 敬
発行者　村田 博文
発行所　株式会社財界研究所
住所：〒100-0014
東京都千代田区永田町2-14-3
東急不動産赤坂ビル11階
電話：03-3581-6771
ファックス：03-3581-6777
URL：http://www.zaikai.jp/

印刷・製本　凸版印刷株式会社

ISBN 978-4-87932-117-6
定価はカバーに印刷してあります。